中国教育报告·发展与质量

中国留学回国就业

蓝皮书

ZHONGGUO LIUXUE HUIGUO JIUYE LANPISHU

2018

教育部留学服务中心 编

中国言实出版社

图书在版编目（CIP）数据

中国留学回国就业蓝皮书 . 2018/ 教育部留学服务中心编.
— 北京：中国言实出版社，2018. 12
ISBN 978-7-5171-3042-0

Ⅰ . ①中… Ⅱ . ①教… Ⅲ . ①留学生 – 职业选择 – 研究报告 – 中国 – 2018 Ⅳ . ① G648.9 ② D669.2

中国版本图书馆 CIP 数据核字（2018）第 300412 号

出 版 人：王昕朋
总 监 制：朱艳华
责任编辑：肖 彭
张 朕
责任校对：李 颖
出版统筹：冯素丽
责任印制：佟贵兆
封面设计：杰瑞设计

出版发行 中国言实出版社

地 址：北京市朝阳区北苑路 180 号加利大厦 5 号楼 105 室
邮 编：100101
编辑部：北京市海淀区北太平庄路甲 1 号
邮 编：100088
电 话：64924853（总编室） 64924716（发行部）
网 址：www.zgyscbs.cn
E-mail：zgyscbs@263.net

经 销 新华书店
印 刷 三河市祥达印刷包装有限公司
版 次 2019 年 4 月第 1 版 2019 年 4 月第 1 次印刷
规 格 787 毫米 ×1092 毫米 1/16 9 印张
字 数 98 千字
定 价 29.00 元 ISBN 978-7-5171-3042-0

前　言

2018年是我国改革开放40周年，国内创新环境不断优化，留学回国人数持续攀升，就业形势逐渐趋好。党的十八大以来，面对各国综合国力的竞争，我国留学工作“聚天下英才而用之”的发展目标更为明确，留学工作成绩斐然。在习近平新时代中国特色社会主义思想指引下，越来越多的留学人员选择学成后回国，投身祖国建设事业，形成了一支不可低估的高水平人才队伍。

《中国留学回国就业蓝皮书》发布以来，得到了各方面的积极反馈。对于留学人员，通过查阅《中国留学回国就业蓝皮书》提供的数据和信息，可以更加便于了解留学人员回国就业情况和国家相关政策，有助于自身学成后正确选择工作方向。同时，国内用人单位也能更好地了解留学回国人员的基本信息，以及他们回国工作的意愿，及时调整招聘计划。教育部以及其他国家相关部委对《中国留学回国就业蓝皮书》提供的信息和数据分析给予了充分肯定。《中国留学回国就业蓝皮书》对于我国出国留学及留学回国政策的制定起到了支持作用。《中国留学回国就业蓝皮书》所带来的积极作用，一直鼓励着我们用更为翔实的数据和更加科学严谨的分析，来展示留学回国就业的发展趋势，为广大读者提供更高质量的服务。

我们利用教育部留学服务中心留学回国就业落户数据库（2018年），留学回国就业意愿调查采集的数据，以及用人单位招聘需求调查数据，对留学回国人员及其回国就业的基本信息进行了系统的分析。具体来看，我们利用留学回国就业落户数据，从人员的基本信息、学历专业、留学经历和就业状况等角度，对我国留学回国就业人群的组成、特点及就业情况进行描述。同时，我们对留学回国就业人员和用人单位招聘需求意向进行了大范围的问卷调查，利用以上数据，从受访者的基本特征、工作经历和求职意向等角度，对留学回国人员的就业意向和就业情况进行了系统分析；从企业性质、学历要求，以及各类企业招聘人数分布等角度，对用人单位关于留学生的招聘需求进行了深入了解。为了充分展示改革开放40年来尤其是党的十八大以来我国留学回国工作取得的辉煌成就，本书还增加了专题研究报告（改革开放40年中国留学服务工作研究报告）。

《中国留学回国就业蓝皮书》是在教育部办公厅、国际合作与交流司、财务司、政策法规司等司局的支持和指导下，由教育部留学服务中心组织编制的。我们将通过专业团队科学的数据采集不断完善和充实《中国留学回国就业蓝皮书》的内容。

在《中国留学回国就业蓝皮书2018》出版之际，谨向进行严谨的数据采集和科学的比较分析工作的各位专家表示衷心的感谢！

教育部留学服务中心主任

程家财

目 录

前言……………………………………………………………………1
一、概述……………………………………………………………………1
（一）报告产生的背景 ……………………………………………2
（二）报告内容和数据来源 ………………………………………4
二、留学回国就业趋势与就业意愿……………………………5
（一）留学回国人员就业状况分析 ………………………………6
（二）留学回国人员就业意向分析 …………………………… 27
（三）用人单位需求分析 ……………………………………… 50
（四）总结 ……………………………………………………… 54
三、专题研究报告（改革开放 40 年中国留学服务
工作研究报告）……………………………………………… 57
（一）改革开放 40 年中国留学服务工作的历史
阶段及特征 ……………………………………………… 59
（二）改革开放 40 年留学服务工作典型分析…………103
（三）党的十八大以来留学服务的辉煌成就和卓越贡献 110
（四）留学服务工作的前景展望：留学服务适应
新时代仍须再接再厉、续写华章 ……………………132

一、概述

（一）报告产生的背景

（二）报告内容和数据来源

（一）报告产生的背景

教育部统计显示，2017年底我国各类出国留学人数达60.84万人，同比增长11.74%；同年各类留学回国人员总数为48.09万人，同比增长11.19%。图1–1为1978年以来，我国历年出国留学和留学回国人数的变化情况。结果显示，20世纪80年代，我国出国人数较少，且以公派留学为主，回国/出国人数的比例相对较高。之后出国人数缓慢增加，回国/出国人数的比例趋于平稳。进入21世纪，我国出国留学人数迅速增加，留学回国人数也快速攀升。年度回国/出国人数比例从最低年份的约10%，增长到现在的80%左右。而自1978年至2017年期间，累计回国/出国人数的比例已经上升到60%左右。由以上趋势可以看出，我国出国留学、回国就业人员规模保持双增长，这与国家发展战略、产业转型升级、国际化人才需求高度契合，发展态势持续向好。具体来看有以下两个方面。

出国留学规模逐年增长，公派留学质量持续提高。从出国留学人数总量来看，2017年度我国留学人数达60.84万人，首次突破60万大关，持续保持世界最大留学生源国地位。从留学人员结构来看，2017年自费出国留学人员共54.13万人，占比为88.97%；公费出国留学人员共6.71万人，占比11.03%。从公费留学人员情况来看，访问学者1.28万人，占比19.08%，硕博研究生1.32万人，占比19.67%，单位公派3.59万人，占比53.5%，其他人员0.52万人，占比0.08%。这些公派留学人员的派出，为我国培养一批具有国际视野、专业技术水平、行业竞争能力的紧缺人才和战略后备人才打下了基础。

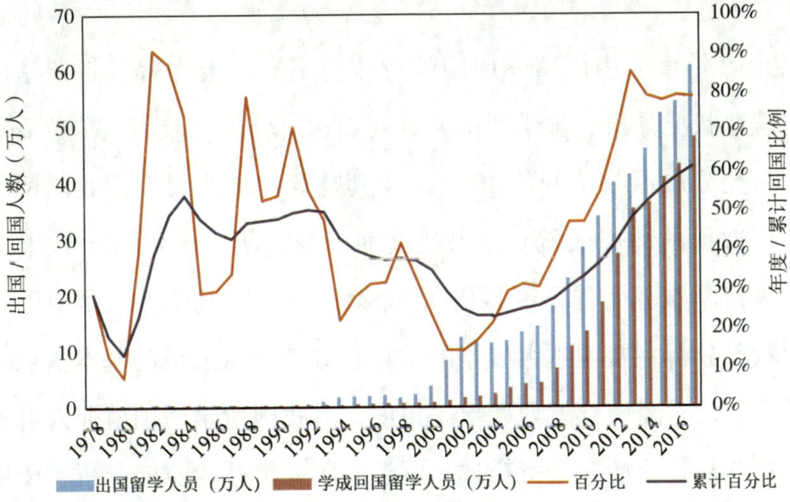

数据来源：教育部;《中国统计年鉴》

图 1–1　1978–2016 年出国留学与留学回国人数（万人）和年度回国 / 累计回国比例

留学回国人数持续攀升，国内创新环境不断优化。从回国就业总人数来看，改革开放以来，我国累计已有 374.08 万留学人员完成学业，313.2 万人选择在完成学业后回国发展，占比为 83.73%，特别是党的十八大以来回国人数增长明显，累计达 231.36 万人，占回国总人数的 73.87%。从创新创业环境来看，近年来，我国不断加强留学回国人员创业创新工作，政府部门深入实施各项引才计划，通过开展一系列留学人员交流对接活动，如广州海交会、南京留交会、大连海创周、武汉高创会等，来促进留学归国人才与国内创新项目和资金的对接，为人才创新创业提供了优惠政策、发展环境。

（二）报告内容和数据来源

2018年度《中国留学回国就业蓝皮书》主要内容包括留学回国人员就业状况分析、留学回国人员就业意向分析以及用人单位需求分析，为充分展示改革开放40年来尤其是党的十八大以来我国留学回国工作取得的辉煌成就，本书还增加了专题研究报告（改革开放40年中国留学服务工作研究报告），即第三部分。其中，留学回国人员就业状况分析主要通过大数据的采集和分析，从人员的基本信息、学历专业、留学经历和就业状况等角度，对我国留学回国就业人群的组成、特点及就业情况进行描述。留学回国人员就业意向分析主要通过专项调查进行数据的收集，从受访者的基本特征、工作经历和求职意向等角度，对调查样本的基本信息、就业意向首选地区、行业、企业类型和信息获得途径等进行分析。用人单位需求分析主要利用各类单位发布的招聘需求信息，从企业性质、学历要求以及各类企业招聘人数分布等角度进行了分析。

报告数据来源主要有三部分：留学回国人员就业状况分析报告的数据，是来自中国（教育部）留学服务中心的就业落户服务系统数据库，共有样本12 974个；留学回国人员就业意向分析的数据，是由教育部留学服务中心组织，经全国各分中心及合作机构密切配合，通过向留学回国人员发布调查问卷收集得到，共有样本1658个；用人单位需求分析的数据，主要根据各个用人单位的实际岗位需求等客观数据指标整理得到，共有单位样本372家，招聘岗位766个，涉及招聘人数共计6109人。

二、留学回国就业趋势与就业意愿

（一）留学回国人员就业状况分析

（二）留学回国人员就业意向分析

（三）用人单位需求分析

（四）总结

（一）留学回国人员就业状况分析

本部分分析的数据，来自教育部留学服务中心的就业落户服务系统数据库，共有样本 12 974 个，主要从基本特征、学历专业、留学经历和就业状况等角度，对我国留学回国人员的组成、特点及就业现状进行分析。在基本信息方面，主要分析了留学回国人员的性别、年龄、学历、婚姻状况和出生地分布等；在学历专业方面，主要分析了留学回国人员的学历、学科和专业分布等；在留学经历方面，主要分析了留学回国人员的留学国家或地区、留学院校和留学时间等；在就业状况方面，主要分析了留学回国人员的就业机构类型，以及北京地区留学回国人员入职所在区分布等。

1. 留学回国就业人员基本信息

（1）性别比例

图 2–1 为留学回国就业人员的性别比例。在性别比例方面，留学回国人员女性比例要大于男性。具体来看，女性比例为 58.15%，男性比例为 41.85%。

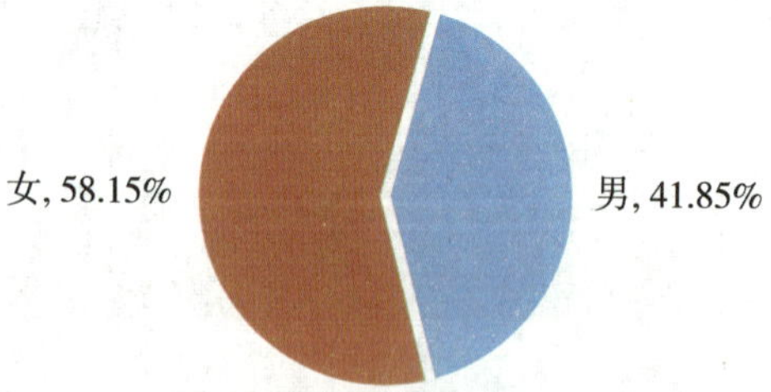

图 2–1　性别比例

（2）年龄分布

图 2-2 为留学回国就业人员的年龄分布。在年龄分布方面，留学回国人员年龄集中在 26—30 岁。具体来看，留学回国人员年龄为 26—30 岁的比例最多，为 71.34%；其次为 31—35 岁，占比为 13.41%；再次为 25 岁及以下，占比为 11.72%；36—40 岁和 41 岁及以上的人员相对较少，占比分别为 2.89% 和 0.64%。

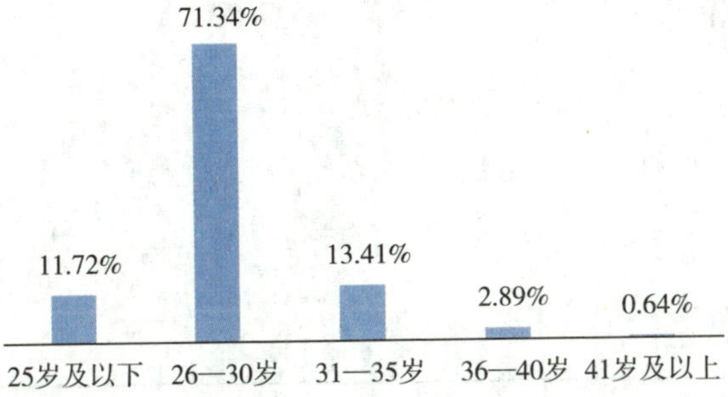

图 2-2　年龄分布

（3）婚姻状况

图 2-3 为留学回国就业人员的婚姻状况。在婚姻状况方面，留学回国人员中未婚人士最多。具体来看，留学回国人员中未婚的占比为 82.58%，有配偶的占比为 16.94%，离婚或丧偶的占比为 0.48%。

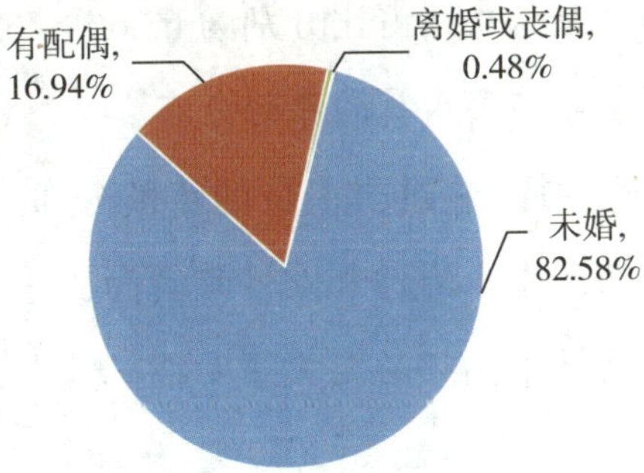

图 2-3　婚姻状况

（4）出生地分布

图 2-4 为留学回国就业人员的出生地分布。在出生地分布方面，留学回国人员出生地省份为山东、河北和北京的最多。具体来看，留学回国人员中出生地为山东的占比为 19.25%，出生地为河北的占比为 10.70%，出生地为北京的占比为 8.69%。

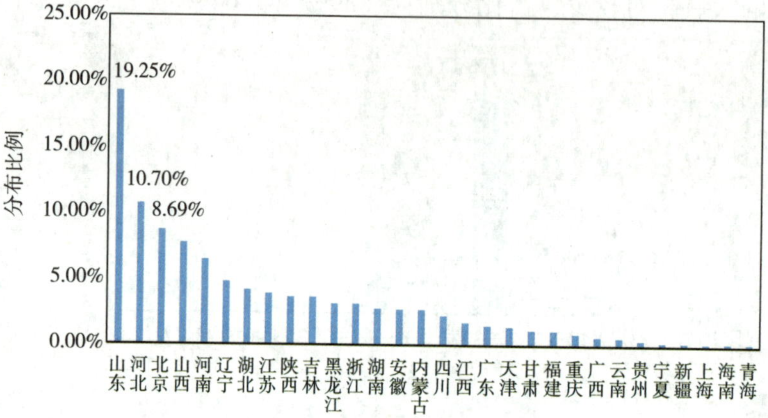

图 2-4 出生地分布

图 2-5 为不同出生地留学回国人员的男性及女性比例。从各省份留学回国人员的性别比例来看，男性比例最多的省份为广东、安徽和广西，男性占比分别为 50.0%、48.4% 和 46.0%。女性比例最多的省份为吉林、辽宁和北京，女性占比分别为 63.6%、62.1% 和 62.0%。

（5）不同性别留学回国人员的年龄分布

图 2-6 为不同性别留学回国人员的年龄分布。从不同性别留学回国人员的年龄分布来看，男性和女性年龄为 26—28 岁的比例最多，并且留学回国人员男性平均年龄要大于女性。其中，男性的平均年龄

为28.9岁，女性平均年龄为27.8岁。从图中数据可以看出，留学回国人员中，在27岁及以下女性的比例要大于男性，而在27岁以上男性的比例要大于女性。

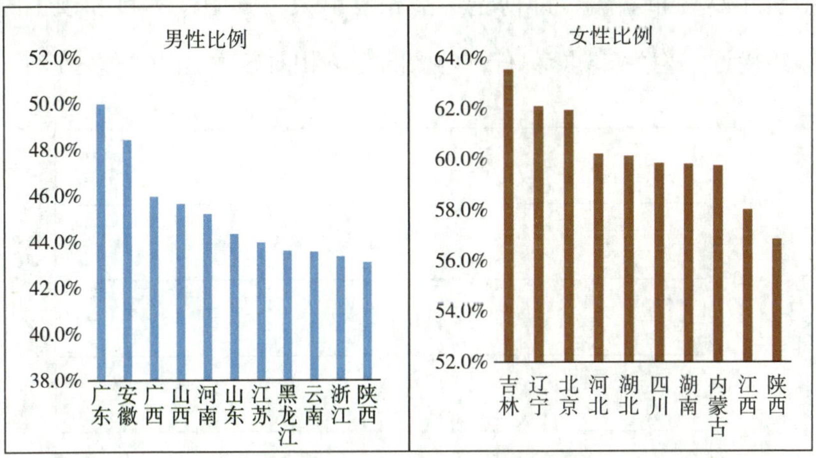

图2-5　不同出生地留学回国人员的男性及女性比例

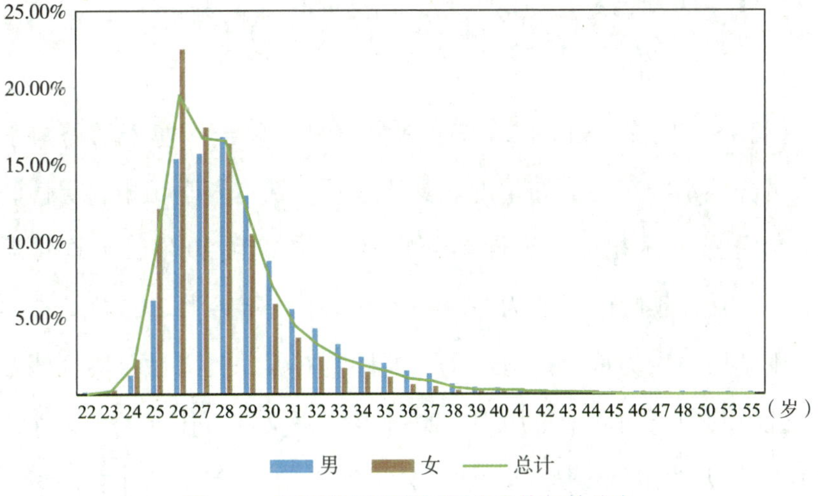

图2-6　不同性别留学回国人员的年龄分布

（6）不同学历留学回国人员的年龄分布

图 2-7 为不同学历留学回国人员的年龄分布。具体来看，硕士研究生和本科及大专的回国人员年龄分布相似，但硕士年龄分布更集中；而博士年龄分布右偏，即博士年龄相对更大。其中，本科和硕士的平均年龄接近，均为 28 岁左右；博士的年龄相对较大，为 33 岁左右。

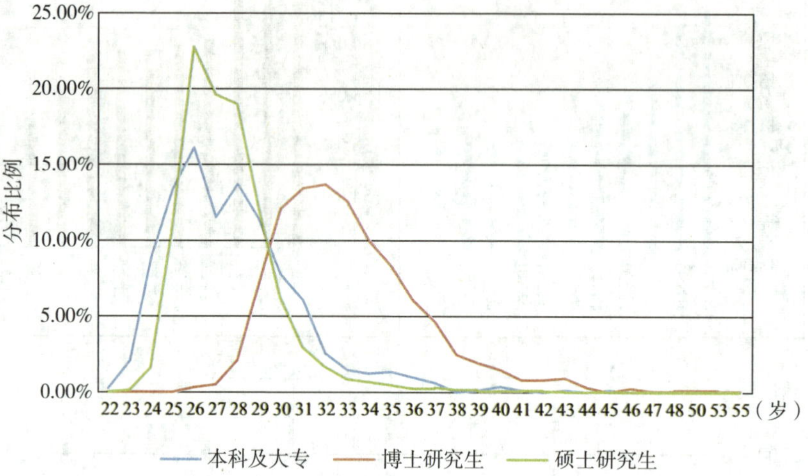

图 2-7 不同学历留学回国人员的年龄分布

图 2-8、图 2-9 和图 2-10 分别为本科、硕士、博士学历留学回国人员分性别的年龄分布情况。具体来看，在本科学历中，男性和女性年龄分布大体相似，男性年龄峰值为 26 岁和 29 岁，平均年龄为 28.0 岁；女性年龄的峰值为 26 和 28 岁，平均年龄为 27.5 岁。在硕士和博士学历中，男性年龄分布均比女性更右偏，且男性年龄峰值要高于女性。其中，在硕士学历中，27 岁及以下女性占比要大于男性，而 27 岁以上男性比例要大于女性，且男性平均年龄为 28.0 岁，女性平均年龄为 27.4 岁。在博士学历中，32 岁及以下女性占比要大于男性，

而32岁以上男性比例要大于女性，且男性平均年龄为33.5岁，女性平均年龄为32.6岁。

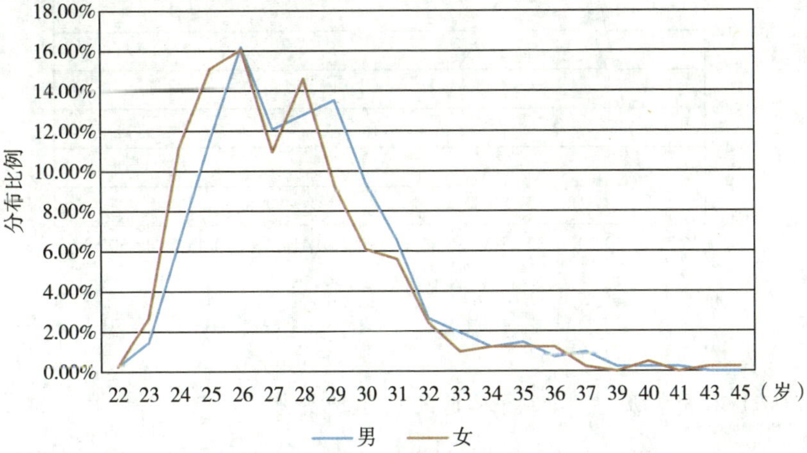

图2-8　不同性别留学回国人员本科学历年龄分布

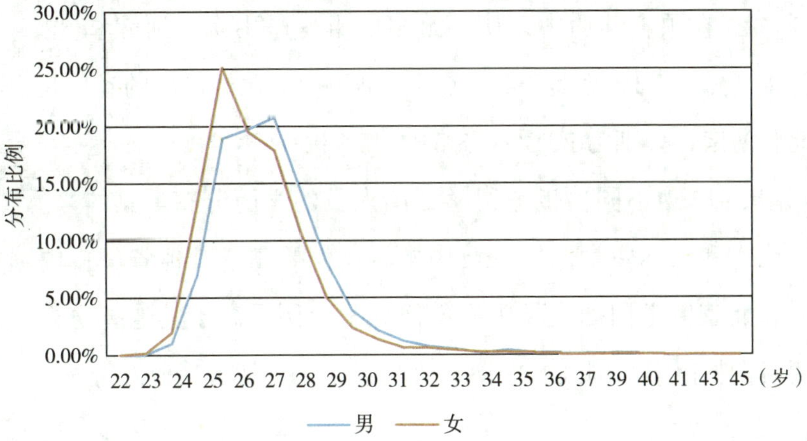

图2-9　不同性别留学回国人员硕士学历年龄分布

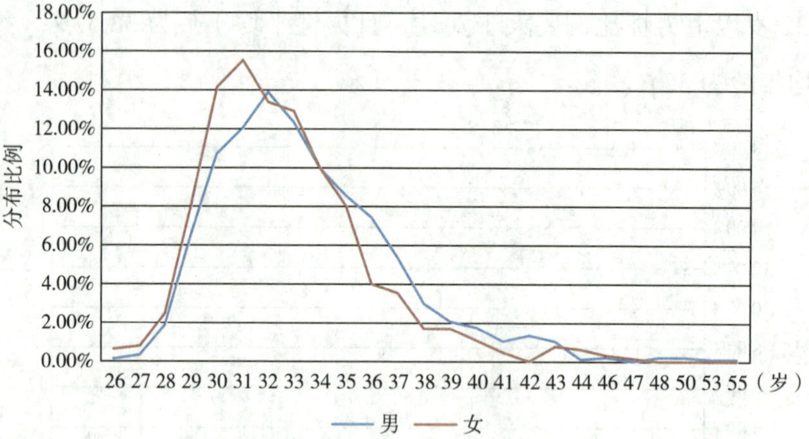

图 2–10　不同性别留学回国人员博士学历年龄分布

（7）不同学历留学回国人员的出生地分布

图 2–11 为不同学历留学回国人员的出生地分布。总体来看，人数比例最多的省份是山东、河北和北京。具体来看，在本科及大专学历中，比例最多的省份是山东、北京和河北，分别为 34.1%、11.2% 和 8.7%；在硕士学历中，比例最多的省份是山东、河北和北京，分别为 17.9%、11.1% 和 9.3%；在博士学历中，比例最多的省份是山东、河北和河南，分别为 20.3%、8.81% 和 6.96%。

图 2–12 为不同出生地留学回国人员的学历分布。具体来看，山东、北京和江苏留学回国人员中本科比例要高于其他省份；内蒙古、河北和北京留学回国人员中硕士研究生比例要高于其他省份；江西、陕西、吉林留学回国人员中博士研究生比例要高于其他省份。

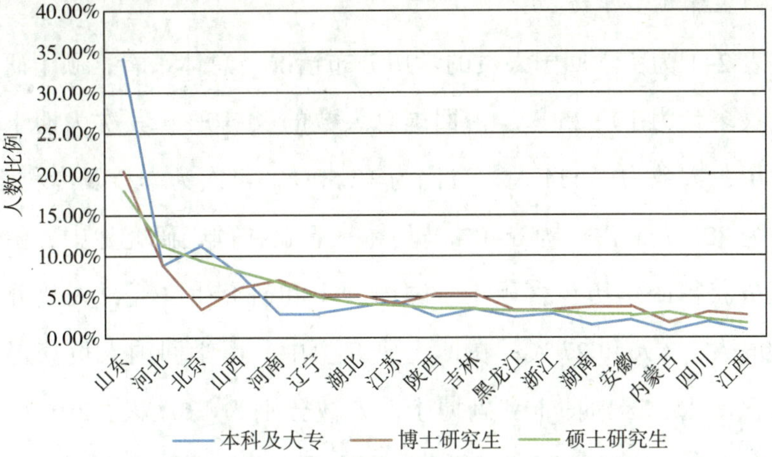

图 2-11 不同学历留学回国人员的出生地比例

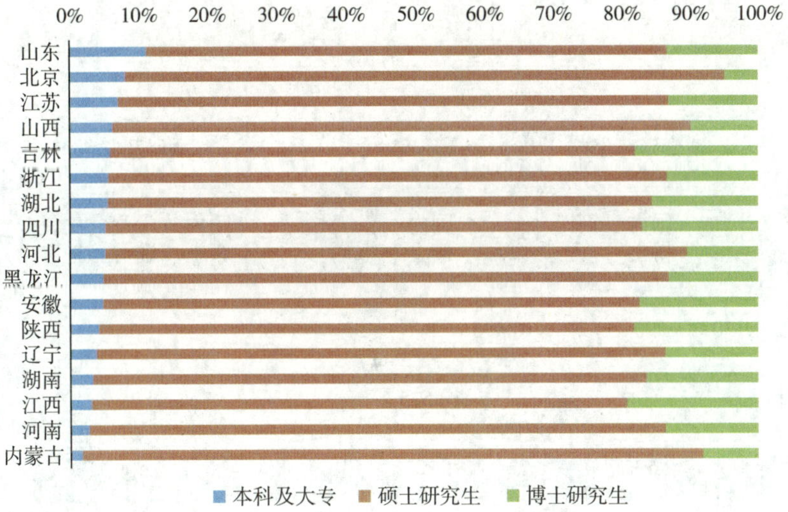

图 2-12 不同出生地留学回国人员的学历比例

2. 留学回国就业人员的学位 / 学历、学科与专业

（1）学位 / 学历

表 2–1 为留学回国人员的学历分布情况。总体来看，硕士研究生人数最多，为 10 525 人，占回国总人数的 81.10%；其次为博士研究生学历，人数为 1 624 人，占比为 12.50%；再次为本科及专科学历，人数为 825 人，占比为 6.40%。具体来看，在硕士研究生中，留学回国人员获得的学历包含硕士、国内硕士和研究生文凭，人数分别为 10 496 人、2 人和 27 人；在博士研究生中，留学回国人员获得的学历包含博士、国内博士和副博士，人数分别为 1307 人、293 人和 24 人；在本科及专科学历中，留学回国人员获得的学历包含学士、国内学士、学位证书、文凭证书和大专，人数分别为 786 人、3 人、6 人、12 人和 18 人。

表 2–1　留学回国人员的学历分布情况

学历类型	博士研究生			硕士研究生			本科及专科				
	博士	国内博士	副博士	硕士	国内硕士	研究生文凭	学士	国内学士	学位证书	文凭证书	大专
人数	1307	293	24	10 496	2	27	786	3	6	12	18
小计	1 624			10 525			825				
比例	12.50%			81.10%			6.40%				

（2）学科

图 2-13 为不同学历留学回国人员学科分布情况。总体来看，理学最多，占比 28.3%；其次为管理学，占比 19.5%；再次为经济学，占比 16.1%。分学历来看，本科及大专学历人数最多的学科为经济学、管理学和文学；硕士研究生人数最多的学科为理学、管理学和经济学；博士研究生人数最多的学科为工学、理学和哲学。

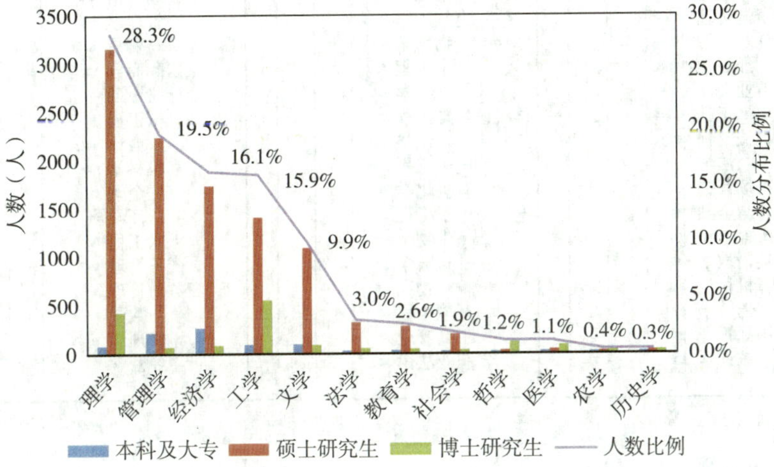

图 2-13 不同学历留学回国人员的学科分布

（3）专业

图 2-14 为不同学历留学回国人员专业分布情况。总体来看，不同学历留学回国人员的专业分布差异明显。在博士研究生中，人数较多的专业为金融学、会计学、工商管理、管理学和国际商务专业，占比分别为 5.1%、2.7%、2.6%、1.7% 和 1.5%；在硕士研究生中，人数较多的专业为化学、经济学、机械工程、计算机科学和化学工程，占比分别为 3.9%、2.9%、1.8%、1.7% 和 1.5%；在本科及大专学历中，

人数较多的专业为经济学、工商管理、会计学、金融学和市场营销，占比分别为 7.6%、5.8%、3.8%、3.4% 和 1.7%。

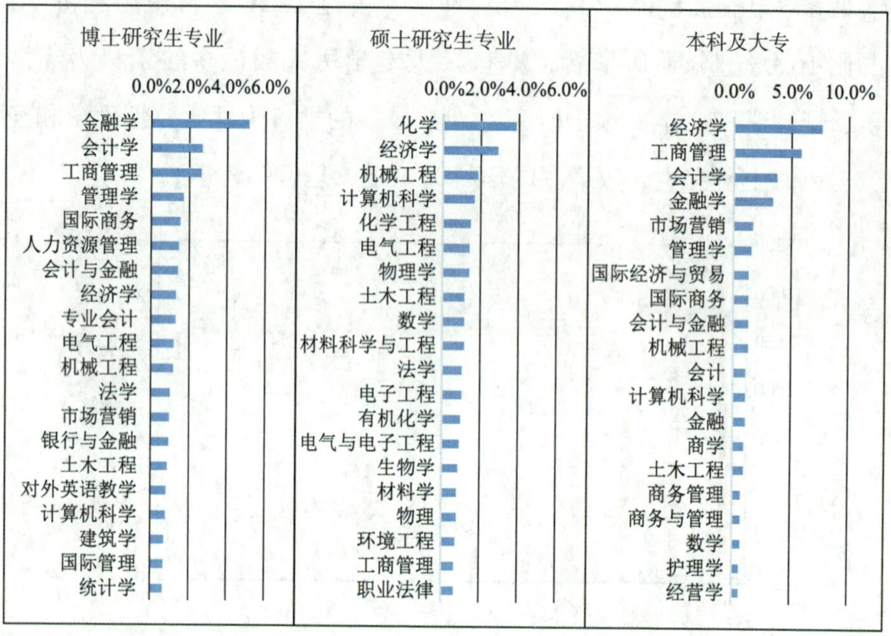

图 2-14　不同学历留学回国人员所学专业比例

3. 留学回国及从中国香港和中国澳门地区学成返回内地就业人员的留学经历

（1）留学国家或地区

表 2-2 和图 2-15 为留学回国人员的留学国家或地区，以及我国的香港和澳门两个特别行政区的学成返回内地就业人数比例。具体来看，人数排名前 10 位的国家或地区分别是英国、美国、澳大利亚、中国香港、韩国、日本、德国、法国、加拿大和俄罗斯。其中，在英国留学的人数最多，占比 34.1%；其次为美国，占比 23.9%；再次为

澳大利亚，占比 8.3%。此外，在中国香港、韩国和日本等亚洲国家或地区留学的人数也相对较多，比例分别为 4.6%、4.0% 和 3.7%。

表 2–2　不同留学国家或地区留学回国（返回内地）就业人数比例排名

排序	国家或地区	排序	国家或地区	排序	国家或地区
1	英国	21	瑞典	41	哈萨克斯坦
2	美国	22	白俄罗斯共和国	42	捷克共和国
3	澳大利亚	23	比利时	43	罗马尼亚
4	中国香港	24	瑞士	44	阿根廷
5	韩国	25	菲律宾	45	埃塞俄比亚
6	日本	26	丹麦	46	爱沙尼亚共和国
7	德国	27	芬兰	47	巴基斯坦
8	法国	28	波兰	48	波多黎各
9	加拿大	29	阿塞拜疆	49	吉尔吉斯共和国
10	俄罗斯	30	印度	50	蒙古
11	新加坡	31	挪威	51	秘鲁
12	荷兰	32	沙特阿拉伯	52	墨西哥
13	西班牙	33	古巴	53	斯洛伐克共和国
14	意大利	34	葡萄牙	54	塔吉克斯坦
15	中国澳门	35	匈牙利	55	希腊
16	马来西亚	36	奥地利	56	伊朗
17	新西兰	37	南非共和国	57	印度尼西亚
18	爱尔兰	38	以色列	58	越南
19	乌克兰	39	巴西	59	智利
20	泰国	40	阿联酋		

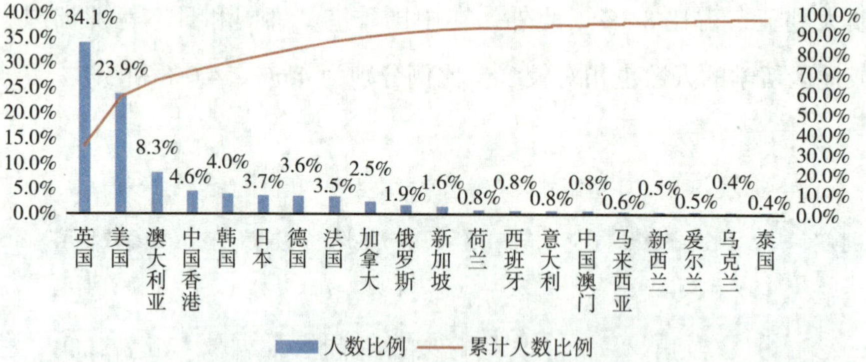

图 2–15　不同留学国家或地区的留学回国（返回内地）就业人数比例

图 2–16、图 2–17 和图 2–18 分别为博士、硕士和本科学历人员的留学国家或地区人数分布情况。从不同学历来看，留学回国人员的留学国家或地区有明显的差异。在博士研究生中，留学人数较多的国家或地区为美国、英国、日本、德国和中国香港，所占比例分别为 27.5%、9.7%、9.4%、7.3% 和 6.7%；在硕士研究生中，留学人数较多的国家或地区为英国、美国、澳大利亚、中国香港和法国，所占比例分别为 39.8%、23.8%、9.1%、4.5% 和 3.4%；在本科及大专学历人员中，留学人数较多的国家为美国、韩国、加拿大、日本和英国，所占比例分别为 18.9%、15.2%、12.8%、11.6% 和 9.1%。

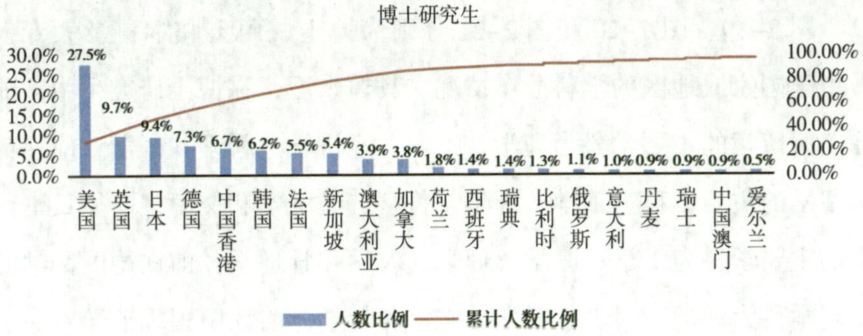

图 2-16　博士留学国家或地区人数分布

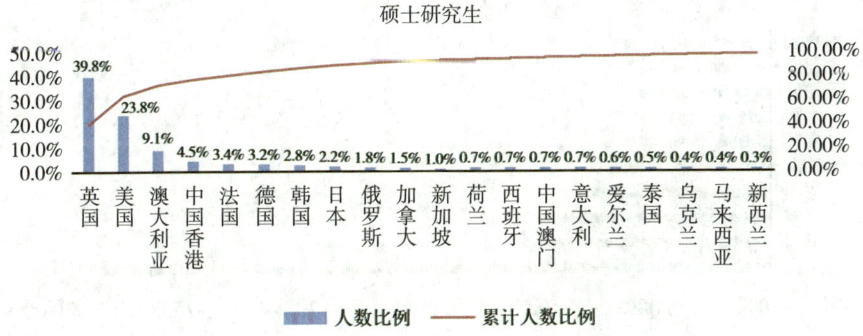

图 2-17　硕士留学国家或地区人数分布

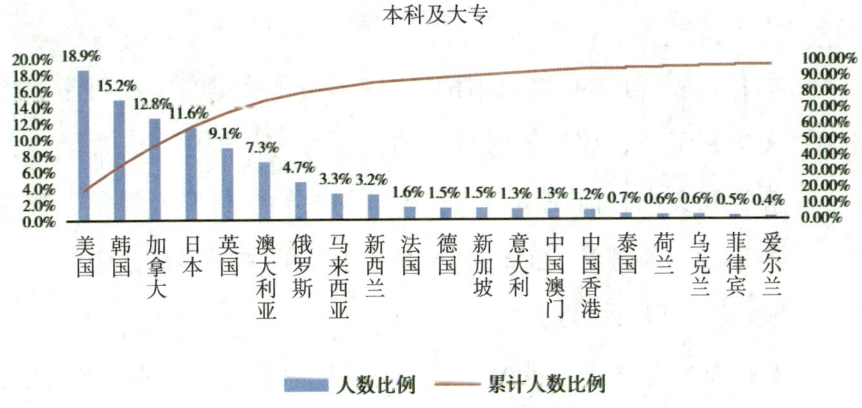

图 2-18　本科及大专学历人员留学国家或地区人数分布

图2-19、图2-20和图2-21分别为博士、硕士和本科及大专人员留学国家或地区的学科分布情况。具体来看，在博士研究生中，前往美国留学的主要学科为理学、工学、经济学、哲学和医学；前往英国留学的主要学科为工学、理学、哲学、经济学和文学；前往日本留学的主要学科为工学、医学、理学、农学和管理学；前往德国留学的主要学科为理学、工学、医学、文学和哲学；前往中国香港学习的主要学科为工学、理学、哲学、管理学和医学。

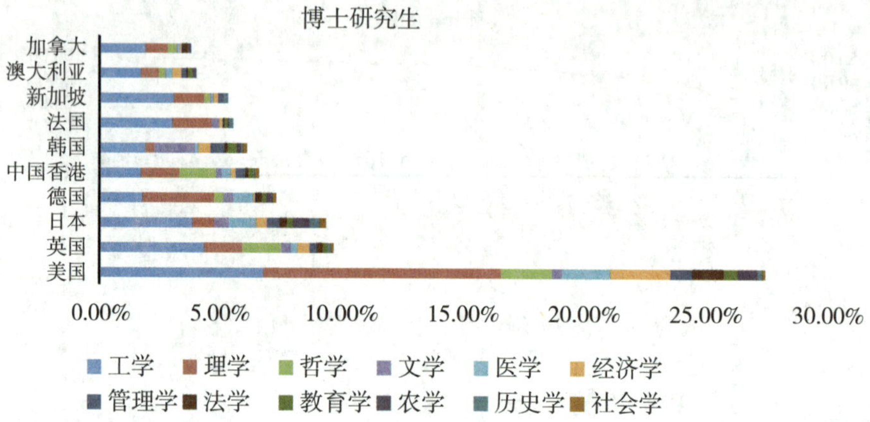

图2-19　博士留学国家或地区的学科分布

在硕士研究生中，前往英国留学的主要学科是理学、管理学、经济学、文学和工学；前往美国留学的主要学科是理学、管理学、工学、经济学和文学；前往澳大利亚留学的主要学科是经济学、管理学、工学、文学和理学；前往中国香港学习的主要学科是理学、文学、管理学、工学和社会学。

在本科及大专学历人员中，前往美国留学的主要学科是经济学、理学、管理学、文学和工学；前往韩国留学的主要学科是管理学、经济学、文学、工学和社会学；前往加拿大留学的主要学科是经济学、管理学、文学、理学和工学；前往日本留学的主要学科是经济学、管理学、社会学、文学和工学；前往英国留学的主要学科是管理学、经济学、文学、理学和工学。

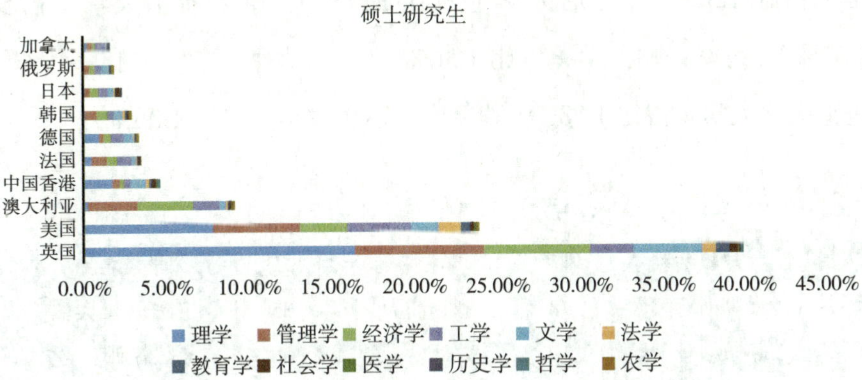

图 2-20　硕士留学国家或地区的学科分布

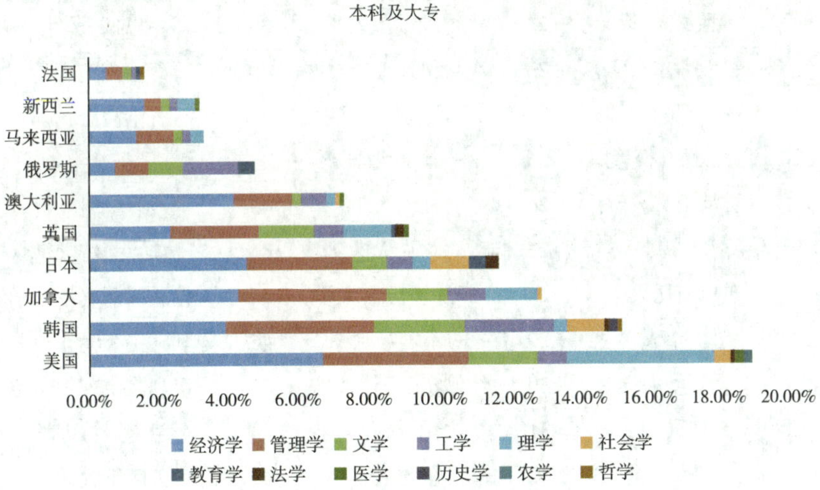

图 2-21　本科及大专留学国家或地区的学科分布

（2）留学院校

表 2–3 为不同留学院校留学回国就业人数占比排名。具体来看，人数占比排名前 10 位的学校分别为曼彻斯特大学（占比 2.41%）、格拉斯哥大学（占比 1.79%）、伯明翰大学（占比 1.73%）、谢菲尔德大学（占比 1.52%）、悉尼大学（占比 1.38%）、纽卡斯尔大学（占比 1.37%）、南安普顿大学（占比 1.36%）、伦敦大学学院（占比 1.17%）、香港中文大学（占比 1.08%）和新南威尔士大学（占比 1.06%）。

表 2–3 不同留学院校留学回国（返回内地）就业人数占比排名

排序	学校名称	排序	学校名称	排序	学校名称
1	曼彻斯特大学	18	利物浦大学	35	南洋理工大学
2	格拉斯哥大学	19	莱斯特大学	36	东安格利亚大学
3	伯明翰大学	20	南加利福尼亚大学	37	诺丁汉大学
4	谢菲尔德大学	21	拉夫堡大学	38	东北大学
5	悉尼大学	22	香港城市大学	39	巴斯大学
6	纽卡斯尔大学	23	哥伦比亚大学	40	萨塞克斯大学
7	南安普顿大学	24	帝国理工学院	41	香港浸会大学
8	伦敦大学学院	25	香港大学	42	昆士兰大学
9	香港中文大学	26	杜伦大学	43	乔治华盛顿大学
10	新南威尔士大学	27	约克大学	44	埃克斯特大学
11	布里斯托大学	28	新加坡国立大学	45	伦敦玛丽女王大学
12	墨尔本大学	29	香港科技大学	46	伊利诺伊大学香槟分校
13	爱丁堡大学	30	约翰霍普金斯大学	47	伊利诺伊理工学院
14	卡迪夫大学	31	莫纳什大学	48	兰卡斯特大学
15	利兹大学	32	纽约大学	49	萨里大学
16	考文垂大学	33	香港理工大学	50	伦敦国王学院
17	华威大学	34	澳大利亚国立大学		

表 2–4 为不同学科留学人数排名前 10 位的留学院校。具体来看，法学学科留学人数最多的院校是乔治敦大学、西北大学和曼彻斯特大学；工学学科留学人数最多的院校是新南威尔士大学、曼彻斯特大学和谢菲尔德大学；管理学学科留学人数最多的院校是悉尼大学、墨尔本大学和曼彻斯特大学；教育学学科留学人数最多的院校是爱丁堡大学、曼彻斯特大学和谢菲尔德大学；经济学学科留学人数最多的院校是格拉斯哥大学、悉尼大学和澳大利亚国立大学；理学学科留学人数最多的院校是曼彻斯特大学、伯明翰大学和格拉斯哥大学；历史学学科留学人数最多的院校是伦敦大学学院、香港中文大学和新加坡国立大学；农学学科留学人数最多的院校是瓦赫宁根大学、堪萨斯州立大学和佛罗里达大学；社会学学科留学人数最多的院校是香港中文大学、香港城市大学和澳门大学；文学学科留学人数最多的院校是利兹大学、谢菲尔德大学和莱斯特大学；医学学科留学人数最多的院校是香港大学、香港中文大学和宾夕法尼亚大学；哲学学科留学人数最多的院校是香港中文大学、香港理工大学和澳门大学。

表 2–4　不同学科留学人数排名前 10 位的留学院校

学科	留学院校
法学	乔治敦大学　西北大学　曼彻斯特大学　香港中文大学　国际法律经营大学伦敦大学学院　南加利福尼亚大学　格拉斯哥大学　爱丁堡大学　布里斯托大学
工学	新南威尔士大学　曼彻斯特大学　谢菲尔德大学　伦敦大学学院　墨尔本大学　新加坡国立大学　南洋理工大学　悉尼大学　伊利诺伊理工学院　香港科技大学
管理学	悉尼大学　墨尔本大学　曼彻斯特大学　格拉斯哥大学　伯明翰大学　利物浦大学　南安普顿大学　莫纳什大学　纽卡斯尔大学　博仁大学

续表

学科	留学院校
教育学	爱丁堡大学　曼彻斯特大学　谢菲尔德大学　香港大学　悉尼大学　博仁大学　伦敦大学学院　宾夕法尼亚大学　华威大学　约克大学
经济学	格拉斯哥大学　悉尼大学　澳大利亚国立大学　新南威尔士大学　伯明翰大学　莫纳什大学　纽卡斯尔大学　约翰霍普金斯大学　考文垂大学　卡迪夫大学
理学	曼彻斯特大学　伯明翰大学　格拉斯哥大学　南安普顿大学　布里斯托大学　纽卡斯尔大学　谢菲尔德大学　伦敦大学学院　爱丁堡大学　卡迪夫大学
历史学	伦敦大学学院　香港中文大学　新加坡国立大学　京都大学　曼彻斯特大学　约克大学　纽约大学　杜伦大学　南洋理工大学　莱斯特大学
农学	瓦赫宁根大学　堪萨斯州立大学　佛罗里达大学　北海道大学　列日大学　岐阜大学　京都大学　建国大学　东京大学　广岛大学
社会学	香港中文大学　香港城市大学　澳门大学　布里斯托大学　谢菲尔德大学　伦敦政治经济学院　纽卡斯尔大学　纽约大学　香港大学　伦敦国王学院
文学	利兹大学　谢菲尔德大学　莱斯特大学　南安普顿大学　香港中文大学　哥伦比亚大学　香港城市大学　香港浸会大学　卡迪夫大学　伦敦艺术大学
医学	香港大学　香港中文大学　宾夕法尼亚大学　哈尔科夫医学研究生教育学院　伦敦大学学院　伦敦国王学院　悉尼大学　墨尔本大学　昆士兰大学　海德堡大学
哲学	香港中文大学　香港理工大学　澳门大学　香港大学　香港科技大学　香港城市大学　纽卡斯尔大学　乔治华盛顿大学　俄亥俄州立大学　南洋理工大学

（3）留学时间

表 2–5 为不同学科留学回国人员的留学时间分布情况。具体来看，博士研究生的平均留学时间最长，为 49.23 月；其次为本科生及大专生，平均留学时间为 40.38 月；再次为硕士研究生，平均留学时

间为 18.71 月。这是因为，结合现实来看，国外博士学位一般需要 4 至 5 年的时间，而本科一般为 4 年，硕士一般为 2 至 3 年。具体来看，在本科生及大专生中，留学时间相对较长的学科为历史学、法学和农学，平均时间分别为 49.00 月、47.78 月和 44.33 月；在硕士研究生中，留学时间相对较长的学科为农学、哲学和工学，平均时间分别为 27.44 月、25.93 月和 23.02 月；在博士研究生中，留学时间相对较长的学科为历史学、社会学和经济学，平均时间分别为 70.90 月、56.00 月和 55.78 月。

表 2-5　不同学科留学回国人员的留学时间分布　　单位：月

学科类别	本科及大专	硕士研究生	博士研究生	平均留学时间
法学	47.78	13.85	45.81	19.14
工学	42.33	23.02	46.79	30.29
管理学	39.00	18.42	51.32	21.09
教育学	42.83	19.11	48.09	23.88
经济学	39.06	17.96	55.78	22.21
理学	43.00	17.51	49.20	21.78
历史学	49.00	19.75	70.90	48.25
农学	44.33	27.44	42.85	40.32
社会学	42.69	20.11	56.00	25.02
文学	40.85	19.18	51.02	23.06
医学	41.22	20.42	46.29	37.83
哲学	35.50	25.93	54.46	51.55
平均留学时间	40.38	18.71	49.23	23.90

4. 留学回国就业人员的就业状况

本部分还分析了留学回国就业人员的实际就业状况。需要说明的是，由于数据部分缺失，仅分析了有相关变量的样本，共5318个。图2-22为留学回国博士和硕士研究生就业机构类型分布情况。具体来看，不同学历留学回国人员的就业机构类型差异较大。博士研究生就业去向人数最多的是大专院校、事业单位和外资企业，比例分别为40.1%、25.3%和8.8%；硕士研究生就业去向人数最多的是国有企业、民营企业和其他类型，比例分别为27.7%、19.6%和17.5%。

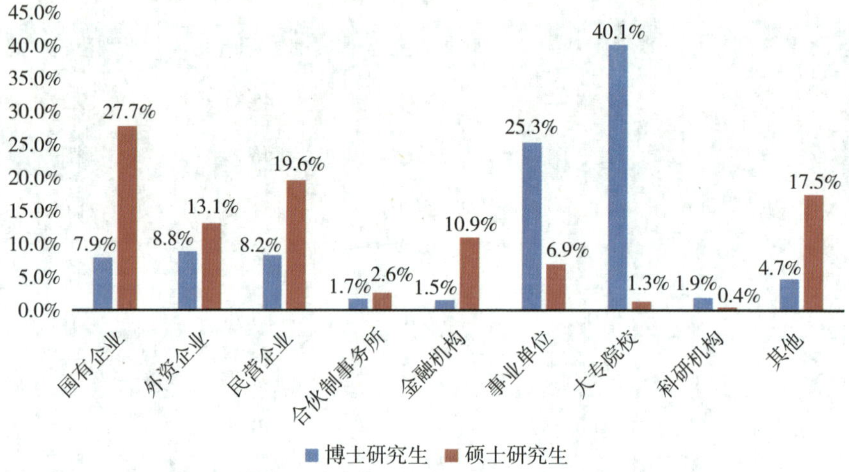

图2-22　留学回国博士和硕士研究生就业机构类型分布

图2-23为北京地区留学回国就业人员入职所在区的分布情况。具体来看，博士和硕士研究生入职北京地区的区分布大体一致，人数最多的区是海淀区、朝阳区、西城区和东城区，这些区经济发展较好，所在高等院校科研机构以及大型国有企业分布较多，因此，对海

外留学回国人员有着较大的吸引力。在博士研究生中，入职区人数最多的是海淀区，占比为36.0%；其次为朝阳区，占比为22.1%；再次为西城区，占比为19.3%。在硕士研究生中，入职区人数最多的是海淀区，占比为27.7%；其次为朝阳区，占比为23.5%；再次为西城区，占比为20.6%。

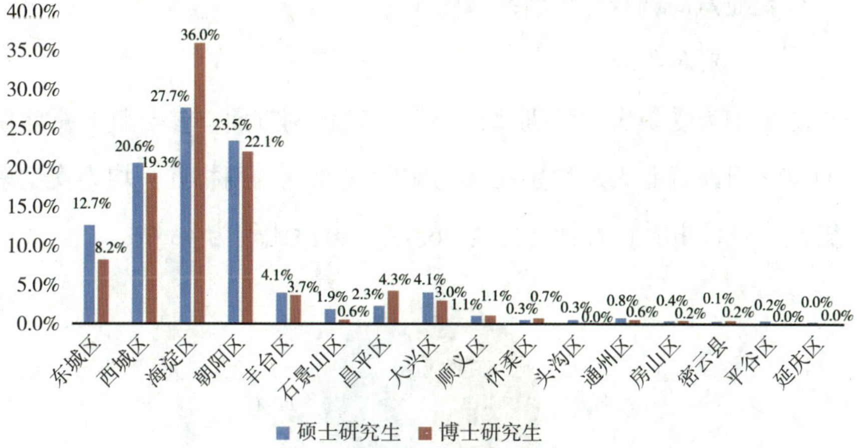

图 2-23　北京地区留学回国人员入职所在区的分布

（二）留学回国人员就业意向分析

本章分析的数据，是由教育部留学服务中心组织，经全国各分中心及合作机构密切配合，通过向留学回国就业人员发布调查问卷收集得到，共有样本1658个，其中，有效样本为1625份，有效率为98%。本部分报告主要从受访者的基本信息、工作经历和就业期望等角度，对我国留学回国人员就业意向进行分析。在基本特征方面，主要分析了受访者的性别和年龄分布、学历结构、学科分布、户籍分布和留学国家等；在工作经历方面，主要分析了受访者的工作经验和当前薪酬水平；在就业期望方面，主要分析了受访者的首选工作地区、期望就业行业选择、期望就业机构、期望薪酬水平和职位、择业决策驱动因素和择业决策信息支持等。具体情况如下。

1. 就业意向调查受访者基本信息

（1）性别和年龄分布

图 3–1 为受访者的性别比例。在性别比例方面，参与就业意向调查的留学回国就业人员性别比例与实际就业者比例相近，均为女性多于男性。具体来看，女性比例为 56.4%，男性比例为 43.6%。

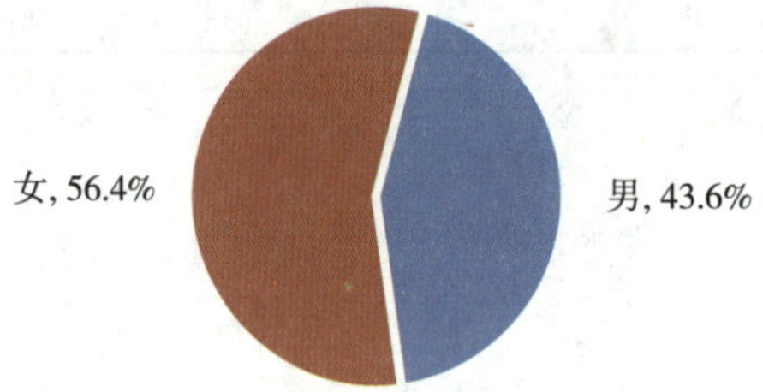

图 3–1　留学回国就业人员性别比例

图 3–2 为不同性别受访者的年龄分布情况。具体来看，留学回国就业人员男性和女性受访者的年龄分布相似，均集中在 25 岁至 29 岁之间，并且两者的年龄峰值相同，均为 26 岁左右。

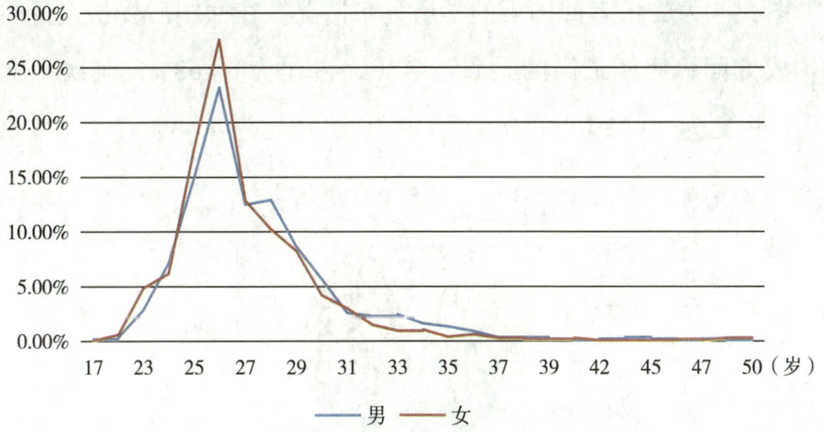

图 3-2　不同性别的留学回国就业人员年龄分布

（2）学历结构

图 3-3 为受访者出国前的学历分布情况。在学历结构方面，留学回国就业人员出国前学历最多为学士。具体来看，在出国前受访人员的学历构成方面，比例最高的是学士学历，占比为 51.20%；其次为高中学历，占比为 34.09%；再次为硕士学历，占比为 6.34%。

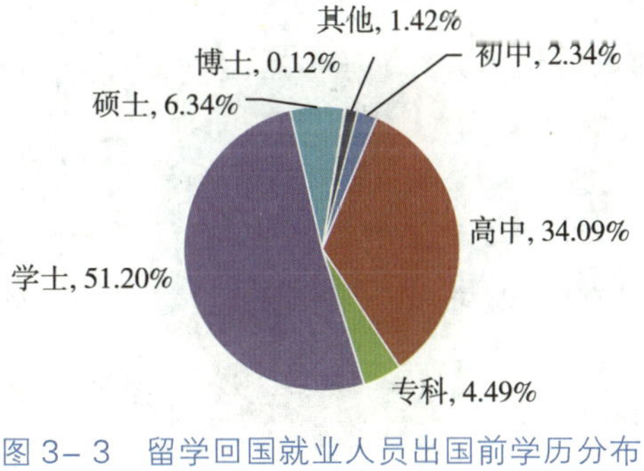

图 3- 3　留学回国就业人员出国前学历分布

图 3–4 为受访者回国后的学历分布情况。在回国后受访人员的学历构成方面，比例最高的是硕士学历，占比为 64.68%；其次为学士学历，占比为 29.42%；再次为博士学历，占比为 4.43%。

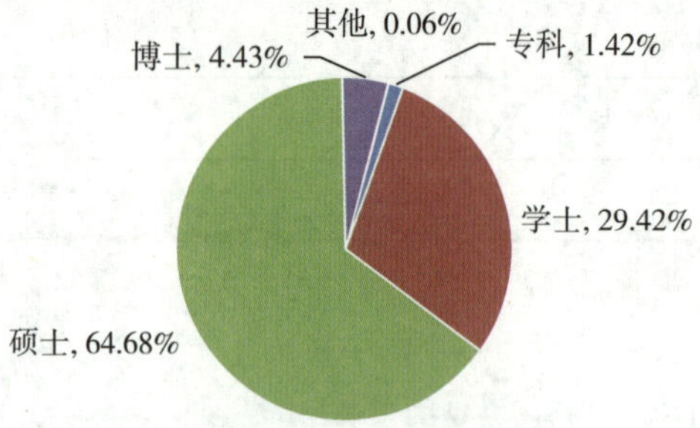

图 3–4　留学回国就业人员回国后学历分布

（3）学科分布

图 3–5 为受访者的学科分布情况。在学科分布方面，留学回国就业人员受访者所学学科为管理学的比例最高，占比为 26.58%；其次为经济学，占比为 22.34%；再次为理学，占比为 13.97%。

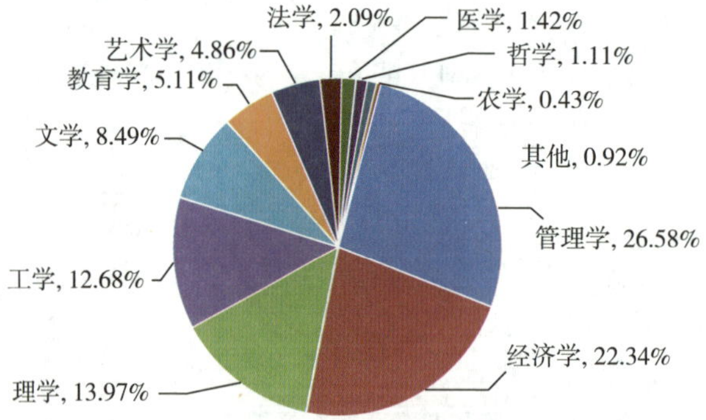

图 3–5　留学回国就业人员学科分布

图 3-6 为不同学历受访者的学科分布。具体来看，在博士研究生中，人数最多的学科是工学，所占比例为 27.8%；其次为理学，所占比例为 26.4%；再次为医学，所占比例为 13.9%。在硕士研究生中，人数最多的学科为管理学，所占比例为 29.0%；其次为经济学，所占比例为 19.4%；再次为工学，所占比例为 13.1%。在学士学历中，人数最多的学科为经济学，所占比例为 31.4%；其次为管理学，所占比例为 25.3%；再次为工学，所占比例为 9.8%。在专科学历中，人数最多的学科为哲学，所占比例为 47.8%；再次为管理学和经济学，比例均为 17.4%。

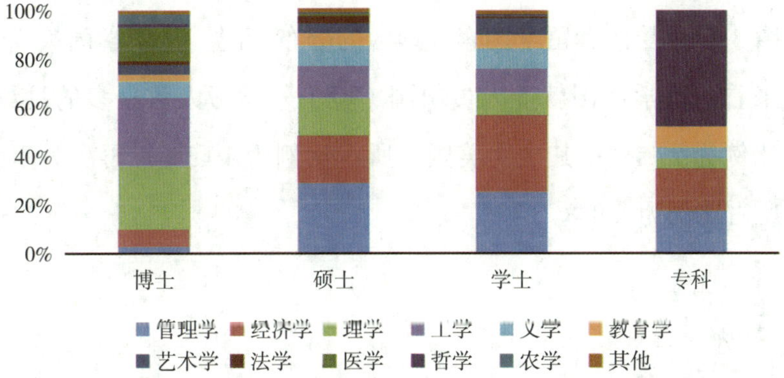

图 3-6　不同学历留学回国就业人员的学科分布

（4）户籍分布

图 3-7 为受访者的户籍分布情况。从户籍分布来看，留学回国就业人员来自不同省份，人数最多的是河北，所占比例为 17.9%；其次为天津，所占比例为 17.8%；再次为浙江，所占比例为 16.5%。

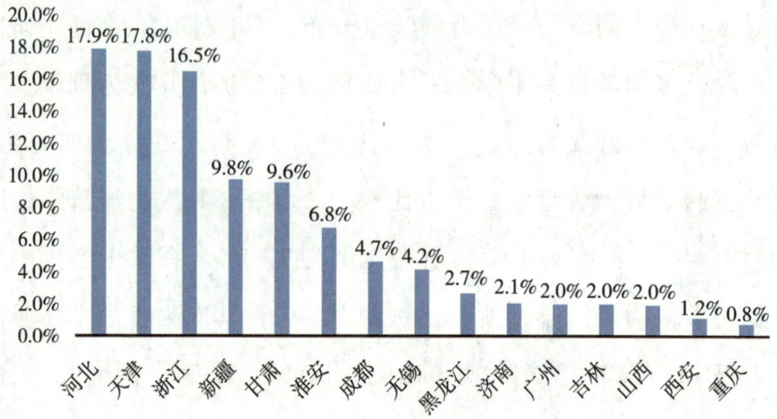

图 3-7　留学回国就业人员的户籍分布

（5）留学国家或地区

图 3-8 为受访者留学国家或地区的分布情况。从留学国家或地区分布来看，留学回国就业人员出国（境）外学习人数最多的是英国，所占比例为 27.1%；其次为美国，所占比例为 19.3%；再次为澳大利亚，所占比例为 8.9%。

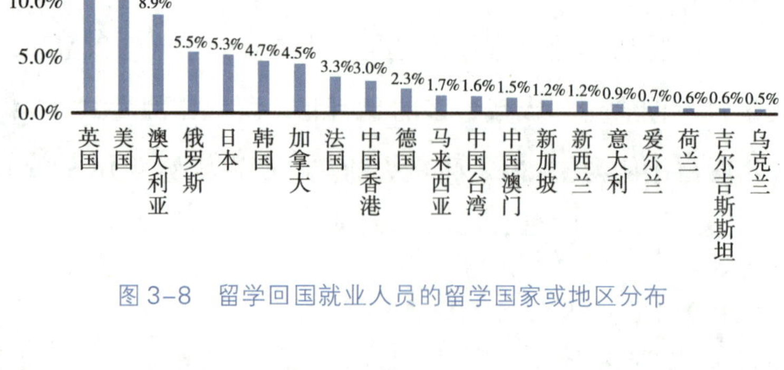

图 3-8　留学回国就业人员的留学国家或地区分布

2. 就业意向调查受访者工作经历

（1）工作经验

图 3-9 为受访者工作经验的分布情况。从工作经验分布来看，留学回国就业人员有 2—5 年的工作经验人数比例最多，占比为 45.9%；其次为 2 年以下工作经验，所占比例为 25.0%；再次为无工作经验，所占比例为 18.8%；而有 5—10 年和 10 年以上工作经验人数占比相对较少，分别为 7.6% 和 2.7%。

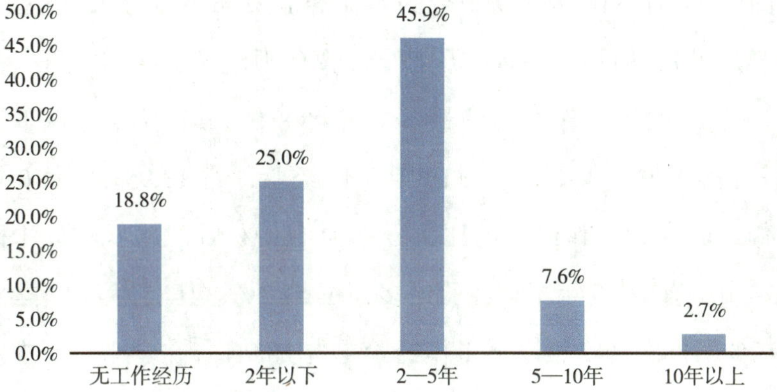

图 3-9 留学回国就业人员的工作经验分布

图 3-10 为不同性别受访者的工作经验分布情况。分性别来看，留学回国就业人员中男性和女性的工作经验分布相似。在男性样本中，有 2—5 年工作经验的占 43.6%，有 2 年以下工作经验的占 26.2%，无工作经验的占 19.0%。在女性样本中，有 2—5 年工作经验的占 47.7%，有 2 年以下工作经验的占 24.0%，无工作经验的占 18.6%。

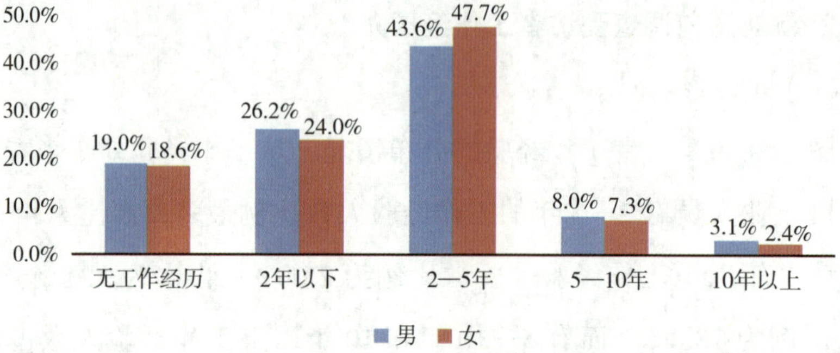

图 3-10　不同性别留学回国就业人员的工作经验分布

图 3-11 为不同学历受访者的工作经验分布情况。分学历来看，不同学历的留学回国就业人员工作经验有所差异。在博士研究生样本中，有 2—5 年工作经验的最多，占 45.8%；其次为 2 年以下工作经验，占 20.8%；再次为 5—10 年工作经验，占 13.9%；而 10 年以上工作经验和无工作经验的比例分别为 11.1% 和 8.3%。在硕士研究生样本中，有 2—5 年工作经验最多，占 52.2%；其次为无工作经验，占 19.1%；再次为 2 年以下工作经验，占 18.9%。在学士学历中，有 2 年以下工作经验的比例最高，占比为 39.5%；其次为 2—5 年工作经验，占比为 32.8%；再次为无工作经验，占比为 18.2%。在专科学历中，无工作经验的比例最高，为 47.8%；其次为 2—5 年工作经验，占比为 26.1%；再次为 2 年以下和 10 年以上工作经验，所占比例均为 13.0%。

图 3-12 为不同工作经验受访者的年龄分布。总体来看，随着已有工作经验时间的延长，留学回国就业人员年龄也在逐渐增加。具体来看，无工作经历和 2—5 年工作经历的年龄分布大致相同，主要集中在 25—27 岁，并且年龄峰值均为 26 岁；2 年以下工作经验年龄主

要集中在23—27岁，5—10年工作经验年龄主要集中在28—31岁，而10年以上工作经验主要集中在30—40岁。

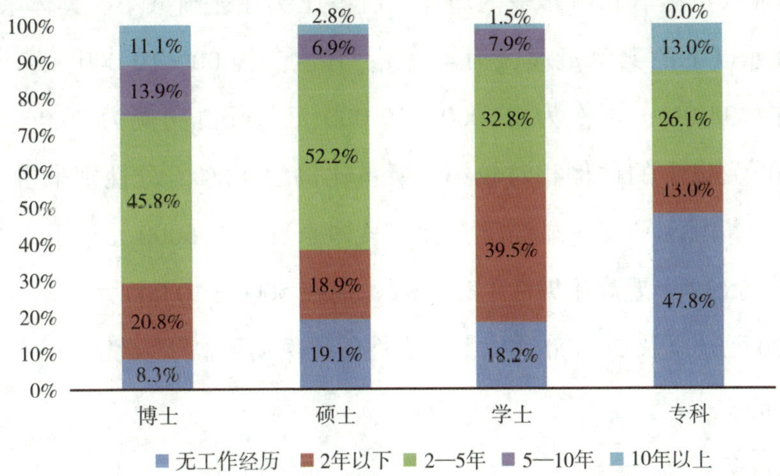

图3-11　不同学历留学回国就业人员的工作经验分布

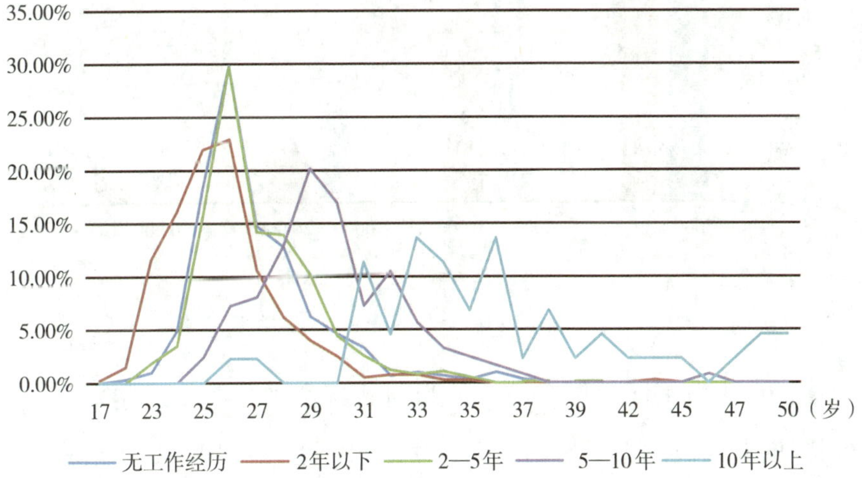

图3-12　不同工作经验留学回国就业人员的年龄分布

（2）当前薪酬水平

图 3–13 为不同性别受访者的薪酬水平分布。总体来看，留学回国就业人员随着薪酬水平的增加，所占比例在逐渐减小。具体来看，5000 元以下的比例最高，为 47.4%；其次为 5000—10 000 元，所占比例为 34.0%；再次为 10 000—20 000 元，所占比例为 10.0%；而 20 000 元以上的比例相对较小，所占比例为 4.6%。分性别来看，男性平均薪酬水平要明显高于女性。具体来看，在 5000 元以下，女性比例（55.3%）要高于男性（37.8%）；而在 5000—10 000 元、10 000—20 000 元，以及 20 000 元以上，男性的比例均要高于女性。

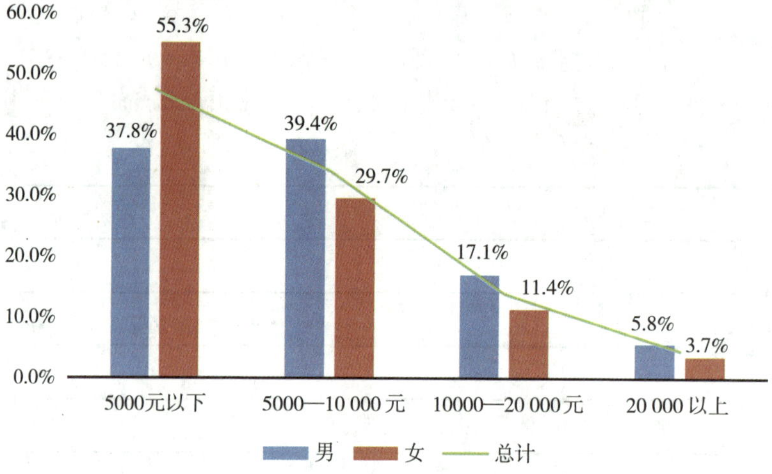

图 3–13　不同性别留学回国就业人员的薪酬水平

图 3–14 为不同学历受访者的当前薪酬水平分布。总体来看，留学回国就业人员随着学历的提高，薪酬水平也在增加。具体来看，在博士研究生中，10 000—20 000 元的比例最高，占比为 32.1%；其次为 5000—10 000 元，所占比例为 26.4%；再次为 20 000 元以上和

5000 元以下，所占比例均为 20.8%。在硕士研究生中，5000 元以下的比例最高，占比为 47.1%；其次为 5000—10 000 元，所占比例为 35.2%；再次为 10 000—20 000 元，所占比例为 13.8%；而 20 000 元以上的比例相对较小，为 3.9%。在本科学历中，5000 元以下的比例最高，为 55.7%；其次为 5000—10 000 元，所占比例为 31.7%；再次为 10 000—20 000 元，所占比例为 10.0%；而 20 000 元以上的比例相对最小，为 2.7%。

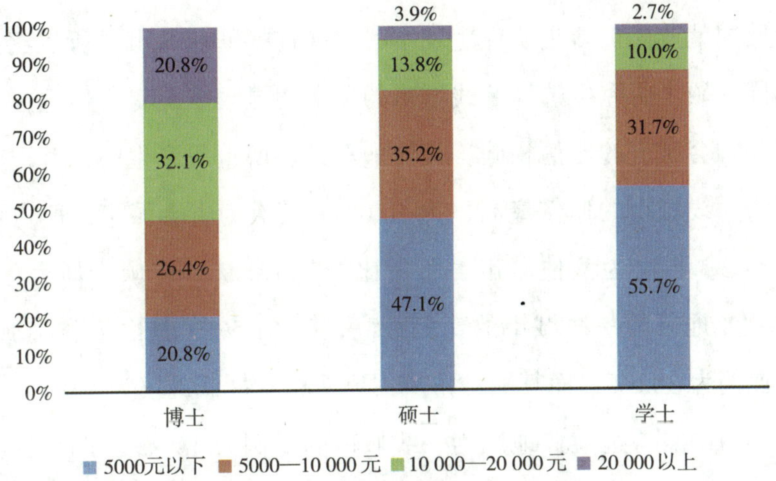

图 3-14　不同学历留学回国就业人员的薪酬水平分布

3. 就业意向调查受访者就业期望

（1）就业首选工作地区

图 3-15 为受访者的就业首选工作地区的分布。总体来看，选择在北上广深一线城市的比例最高，为 56.9%；其次为省会城市，所占比例为 31.1%；再次为其他城市，所占比例为 12.0%。

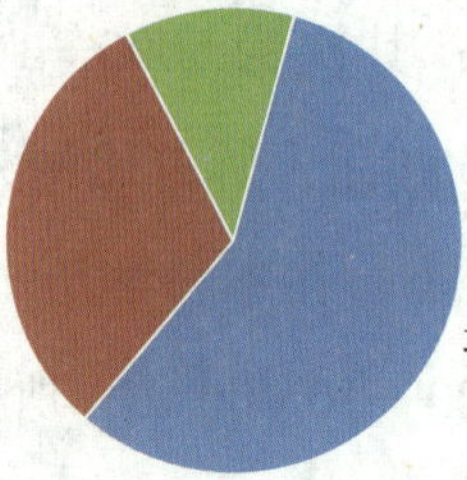

图 3-15 留学回国就业人员首选工作地区分布

图 3-16 为不同学历受访者就业意向城市的分布情况。总体来看，留学回国就业人员博士研究生和本科生在选择就业城市时所占比例大体相同，硕士研究生选择一线城市的比例明显较多，专科生选择一线城市和省会城市的比例相同。具体来看，在博士研究生中，首选就业地区为一线城市的比例最高，为 50.0%；其次为省会城市，所占比例为 31.3%；再次为其他城市，所占比例为 18.8%。在硕士研究生中，首选就业地区为一线城市的比例最高，为 61.5%；其次为省会城市，所占比例为 30.6%；而其他城市所占比例相对最低，仅为 7.9%。在本科生学历中，首选就业地区为一线城市的比例为 48.3%，选择省会城市的占比为 31.4%，而选择其他城市的占比为 20.4%。在专科学历中，首选一线城市和省会城市比例相同，均为 47.1%，选择其他城市的比例相对较低，仅为 5.9%。

图 3-17 为不同生源地受访者就业意向城市的分布情况。具体来看，来自广州、浙江、天津、山西和无锡的留学回国就业人员受访者相对偏爱在一线城市就业，所占比例均超过 60%，这些城市或省份的比例分别为 96.9%、77.4%、72.5%、62.1% 和 61.0%。来自甘肃、成都

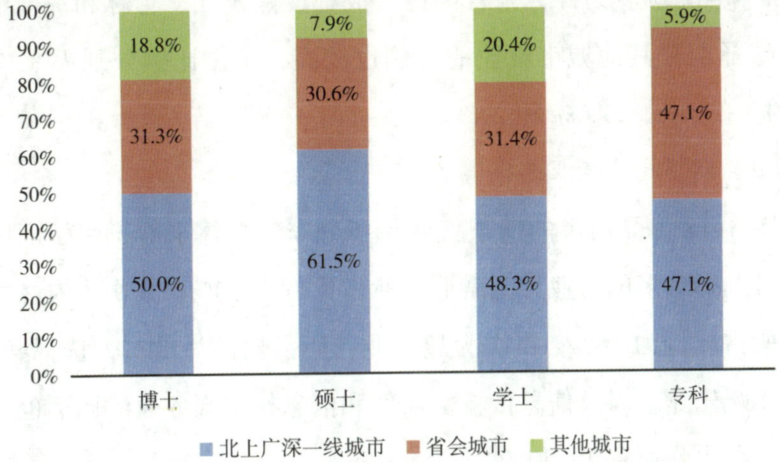

图 3-16　不同学历留学回国就业人员就业意向城市分布

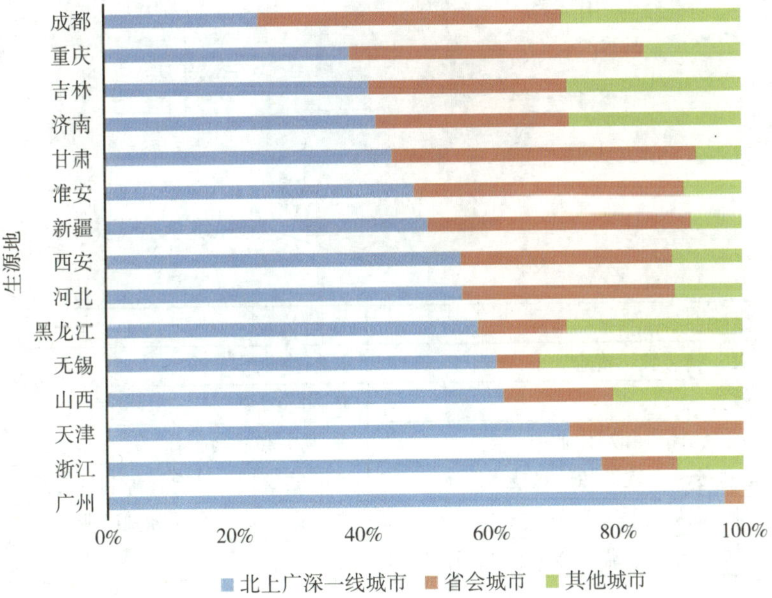

图 3-17　不同生源地留学回国就业人员就业意向城市分布

和重庆的受访者相对偏爱在省会城市就业，所占比例分别为47.8%、47.3%和46.2%。另外，来自无锡、成都、黑龙江、吉林和济南的受访者选择前往其他城市就业的比例也较高，所占比例分别为32.2%、28.4%、27.9%、27.6%和27.3%。

（2）期望就业行业选择

图3-18为受访者的期望就业行业分布。总体来看，留学回国就业人员选择最多的行业为金融业，所占比例为30%；其次为农林牧渔业，所占比例为16%；再次为教育业，所占比例为11%；选择文化、体育和娱乐业，以及信息传输、软件和信息技术服务业的比例也相对较高，占比分别为7%和5%。

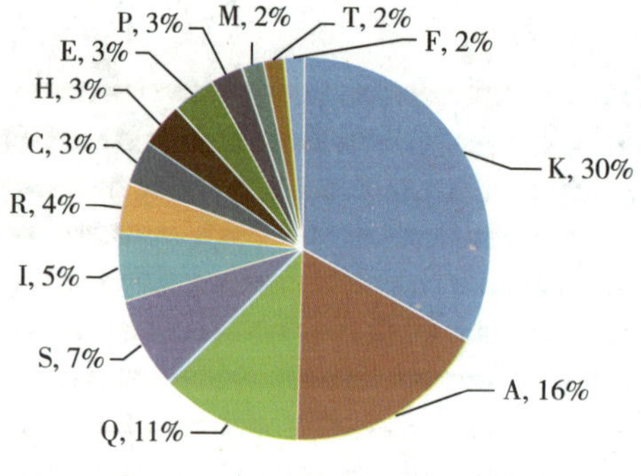

K 金融业	H 建筑业
A 农、林、牧、渔业	E 制造业
Q 教育	P 国际组织
S 文化、体育和娱乐业	M 卫生和社会工作
I 信息传输、软件和信息技术服务业	T 公共管理、社会保障和社会组织
R 科学研究和技术服务业	F 交通运输、仓储和邮政业
C 电力、热力、燃气及水生产和供应业	

图3-18 留学回国就业人员期望就业行业分布

图 3-19 为留学回国就业人员不同就业意向行业中的性别比例。分性别来看，不同性别在选择就业意向行业时有明显的差异，具体来看，在采矿业，电力、热力、燃气及水生产供应业，制造业，房地产业，居民服务、修理和其他服务业，以及信息传输、软件和信息技术服务业等行业中，男性比例要明显高于女性，这些行业中男性占比分别为 84.6%、74.5%、70.0%、66.7%、66.7% 和 61.5%；在教育，国际组织，公共管理、社会保障和社会组织，文化、体育和娱乐业，住宿和餐饮业，以及金融业，女性比例要明显高于男性，这些行业中女性占比分别为 77.8%、73.7%、72.0%、71.4%、68.2% 和 59.4%。

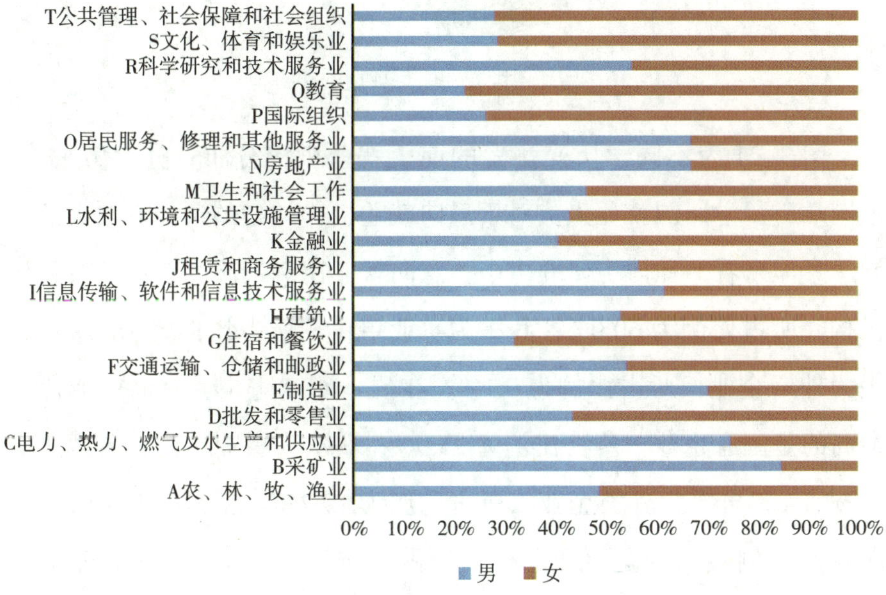

图 3-19 留学回国就业人员不同行业的性别比例

（3）期望就业机构类型

图 3-20 为受访者的期望就业机构类型比例。总体来看，留学回

国就业人员选择在事业单位就业的比例最高，为23.3%；其次为国有企业，所占比例为22.8%；再次为外资企业，所占比例为19.9%。选择民营企业、高校或科研机构，以及自办企业的比例分别为14.0%、12.0%和4.2%。

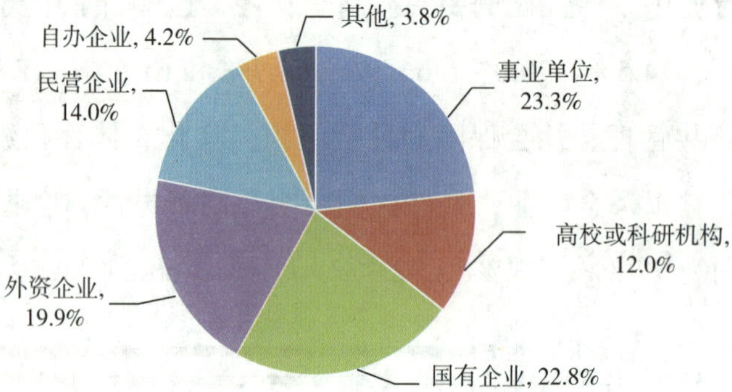

图3-20 留学回国就业人员期望就业机构分布

图3-21为不同学历受访者的期望就业机构分布。分学历来看，不同学历留学回国就业人员对于意向就业机构类型的选择有较大的差异。具体来看，在博士研究生中，意向就业比例最高的是高校或科研机构，所占比例为60.0%；其次为事业单位，所占比例为18.2%；再次为外资企业，所占比例为9.1%。在硕士研究生中，意向就业比例最高的是国有企业，所占比例为25.9%；其次为事业单位，所占比例为23.1%；再次为外资企业，所占比例为19.7%。在本科学历中，意向就业比例最高的是事业单位，所占比例为25.2%；其次为外资企业，所占比例为21.7%；再次为国有企业和民营企业，所占比例分别为18.9%和18.6%。在专科学历中，意向就业比例最高的是外资企业，所占比例为31.6%；其次为民营企业，所占比例为21.1%；再次

为事业单位，所占比例为 15.8%。

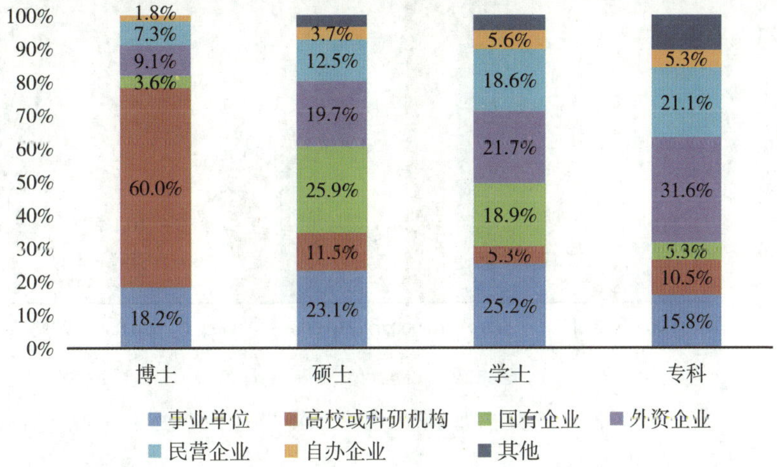

图 3-21　不同学历留学回国就业人员期望就业机构分布

（4）期望薪酬水平和职位

图 3-22 为不同性别受访者的期望薪酬水平分布。总体来看，不同性别留学回国就业人员的期望薪酬基本呈现正态分布的趋势，其中 5000—10 000 元人数最多，所占比例为 56.4%；其次为 10 000—20 000 元，所占比例为 27.3%；再次为 5000 元以下和 20 000 元以上，所占比例分别为 9.2% 和 7.1%。分性别来看，男性和女性在期望薪酬的分布上大致相同。在男性受访者中，选择 5000—10 000 元的比例为 49.8%，选择 10 000-20 000 元的比例为 28.5%，选择 5000 元以下和 20 000 元以上的比例分别为 11.6% 和 10.1%。在女性受访者中，选择 5000—10 000 元的比例为 61.6%，选择 10 000—20 000 元的比例为 26.4%，选择 5000 元以下和 20 000 元以上的比例分别为 7.3% 和 4.8%。

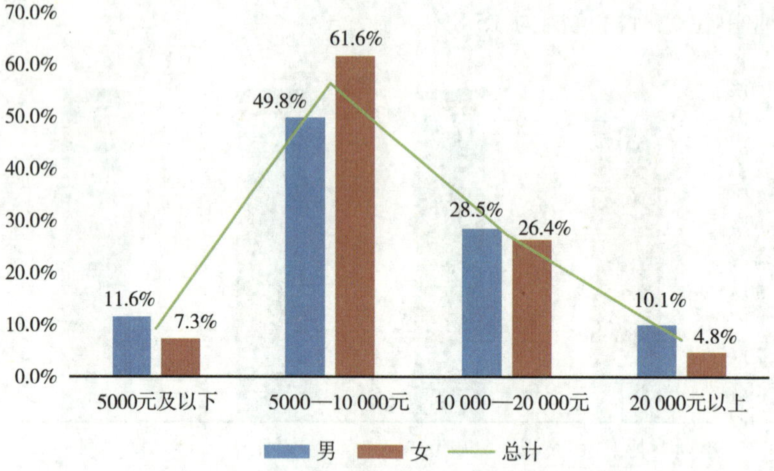

图 3-22　不同性别留学回国就业人员期望薪酬水平

图 3-23 为不同学历受访者的期望薪酬水平分布。分学历来看，不同学历留学回国就业人员的期望薪酬水平有所差异。在博士研究生中，10 000—20 000 元的比例最高，所占比例为 37.5%；其次为 5000—10 000 元，所占比例为 31.3%；再次为 20 000 元以上，所占比例为 20.3%；而 5000 元以下的占比相对较小，为 10.9%。在硕士研究生中，期望薪酬为 5000—10 000 元的比例最多，所占比例为 58.8%；其次为 10 000—20 000 元，所占比例为 27.9%；再次为 5000 元以下和 20 000 元以上，所占比例分别为 7.0% 和 6.2%。在本科学历中，期望薪酬最多的为 5000—10 000 元，所占比例 54.6%；其次为 10 000—20 000 元，所占比例为 24.7%；再次为 5000 元以下，所占比例为 13.5%。在专科学历中，期望薪酬最多的为 5000—10 000 元，所占比例 60.0%；其次为 10 000—20 000 元，所占比例为 20.0%；再次为 5000 元以下，所占比例为 15.0%。

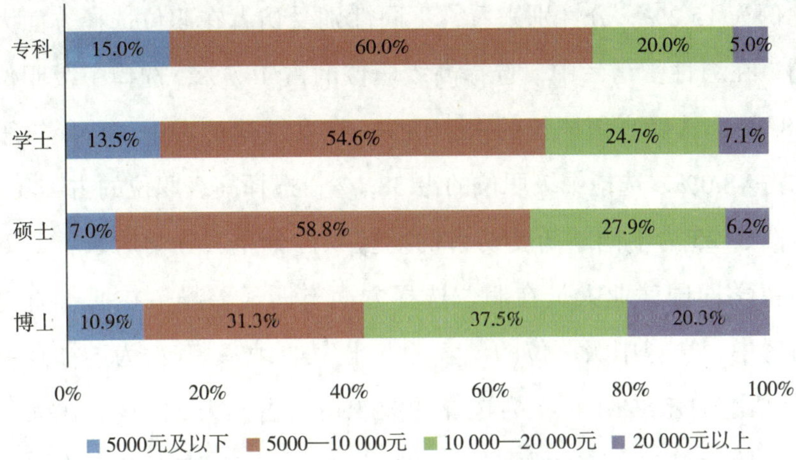

图 3-23　不同学历留学回国就业人员期望薪酬水平

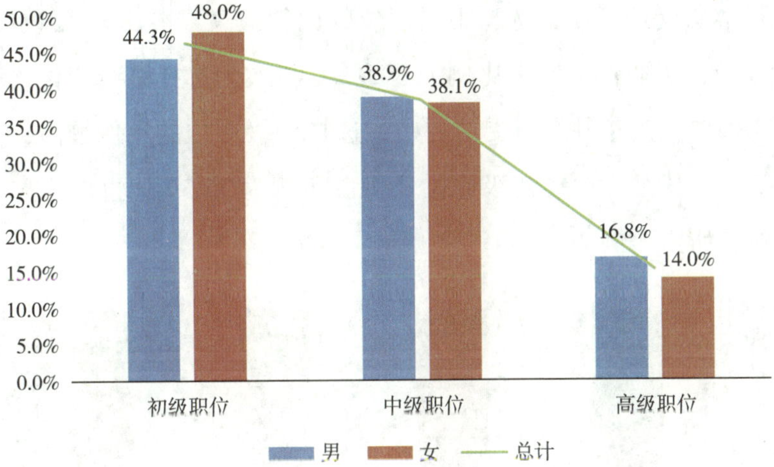

图 3-24　不同性别留学回国就业人员期望职位分布

图 3-24 为不同性别受访者的期望职位分布。总体来看，留学回国就业人员在期望职位方面，随着职位级别的提高，所占的比例在逐渐减小。受访者期望职位占比最多的是初级职位，所占比例为 46.4%；其次为中级职位，所占比例为 38.5%；再次为高级职位，所

占比例为15.2%。分性别来看，不同性别受访者在职位选择方面大体相同。在男性受访者中，选择高级职位的占44.3%，选择中级职位的占38.9%，选择高级职位的占16.8%；在女性受访者中，选择初级职位的占48.0%，选择中级职位的占38.1%，选择高级职位的占14.0%。

图3-25为不同学历受访者的期望职位分布。分学历来看，不同学历留学回国就业人员在职位选择方面有明显差异。在博士研究生受访者中，选择中级职位的最多，占比为41.1%；其次为选择高级职位，占比为37.5%；再次为选择初级职位，占比为21.4%。在硕士研究生受访者中，选择初级职位的比例最高，占51.3%；其次为选择中级职位，所占比例为36.6%；再次为选择高级职位，所占比例12.1%。在本科学历受访者中，选择中级职位的比例最高，占比为42.0%；其次为选择初级职位，所占比例为39.9%；再次为选择高级职位，所占比例18.1%。在专科学历受访者中，选择中级职位的比例最高，占比为41.2%；其次为选择初级职位，所占比例为35.3%；再次为选择高级职位，所占比例23.5%。

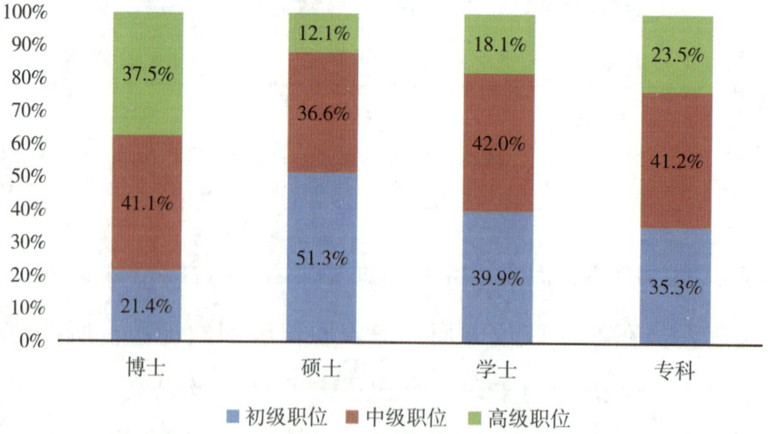

图3-25 不同学历留学回国就业人员期望职位分布

（5）择业决策驱动要素

图 3-26 为受访者的择业决策驱动因素。总体来看，在就业过程中，留学回国就业人员选择看重职业发展空间的比例最高，为 34.6%；其次为选择薪资福利，所占比例为 27.0%；再次为选择所在城市，所占比例为 26.7%。选择专业专长和单位性质的比例相对较少，分别为 8.3% 和 3.1%。

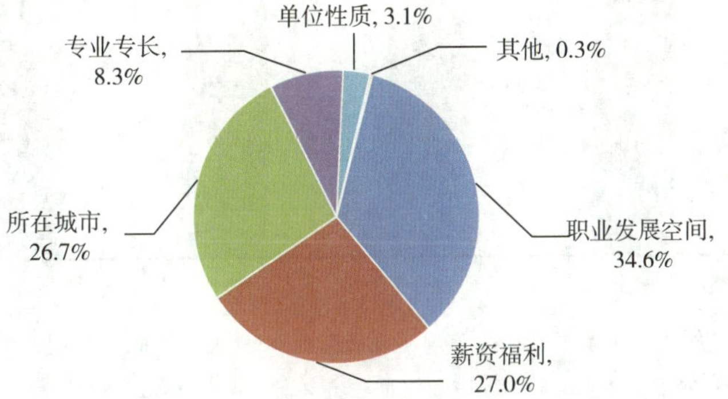

图 3-26　留学回国就业人员择业决策驱动因素

图 3-27 为不同学历受访者的择业决策驱动因素。分学历来看，不同学历留学回国就业人员在择业过程中的驱动因素比例有所区别，但主要的驱动因素为职业发展空间、薪资福利和所在城市。具体来看，在博士研究生中，择业主要看重职业发展空间，所占比例为 35.0%；其次为薪资福利，所占比例为 22.5%；再次为所在城市，所占比例为 21.7%。在硕士研究生中，择业主要看重职业发展空间，所占比例为 35.2%；其次为所在城市，所占比例为 27.1%；再次为薪资福利，所占比例为 26.7%。在本科学历中，最重要的择业驱动因素为职业发展空间，所占比例为 32.6%；其次为薪资福利，所占比例为

28.7%；再次为所在城市，所占比例为 26.4%。在专科学历中，择业主要看重的为职业发展空间，所占比例为 44.4%；其次为所在城市，所占比例为 27.8%；再次为薪资福利，所占比例为 25.0%。

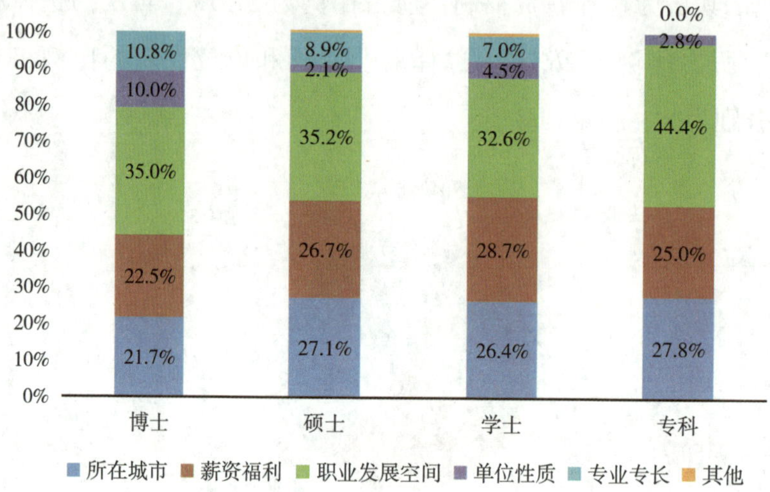

图 3-27　不同学历留学回国就业人员择业决策驱动因素

（6）择业决策信息支持

图 3-28 为受访者的择业决策信息支持比例。总体来看，留学回国就业人员受访者通过不同的媒介和渠道进行职业选择。其中，选择最多的渠道为网络，所占比例为 49.0%；其次为招聘会，所占比例为 25.5%；再次为亲戚朋友介绍，所占比例为 21.6%。通过电视、报纸及其他渠道等传统媒介进行工作搜寻的比例相对较低，占比分别为 1.5%、0.9% 和 1.6%。

图 3-29 为不同学历受访者的择业决策信息支持比例。分学历来看，不同学历的留学回国就业人员在进行工作搜寻时选择的渠道分布比例有所区别。具体来看，在博士研究生中，选择网络的比例

为45.2%，选择招聘会的比例为21.2%，选择亲戚朋友介绍的比例为24.0%。在硕士研究生中，选择网络的比例为49.3%，选择招聘会的比例为27.0%，选择亲戚朋友介绍的比例为20.3%。在本科学历中，选择网络的比例为49.0%，选择招聘会的比例为22.5%，选择亲戚朋友介绍的比例为24.0%。在专科学历中，选择网络的比例为47.4%，选择招聘会的比例为21.1%，选择亲戚朋友介绍的比例为31.6%。

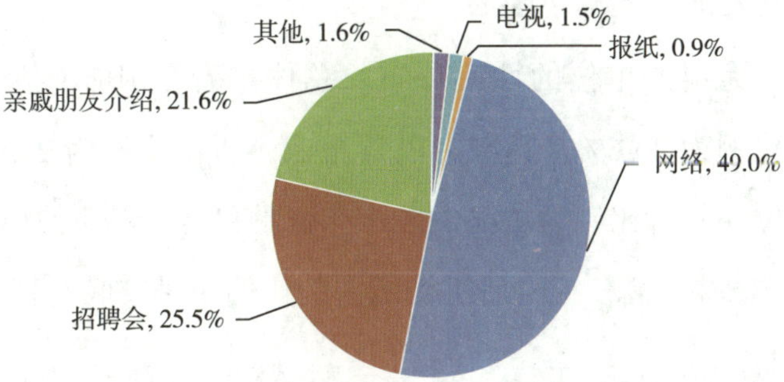

图3-28 留学回国就业人员择业决策信息支持

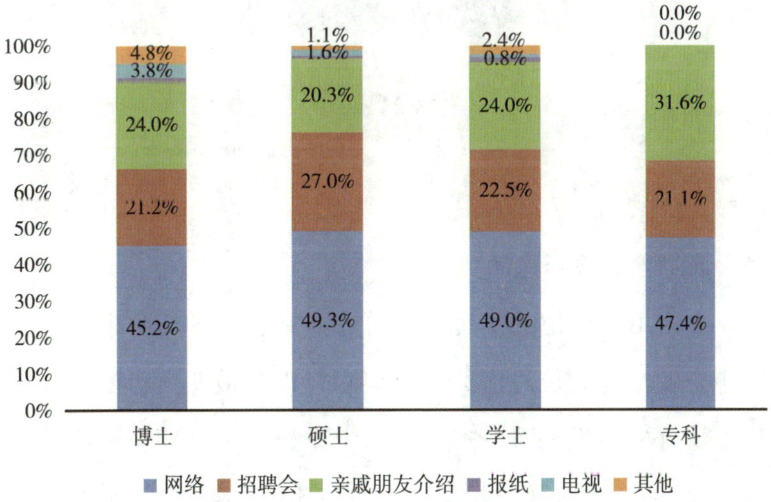

图3-29 不同学历留学回国就业人员择业决策信息支持

（三）用人单位需求分析

本部分分析的数据，主要根据2017年用人单位针对海外留学回国人员提供的实际岗位的客观数据整理得出，共有用人单位样本372家，招聘职位766个，涉及招聘人数共计6109人。具体情况分析如下。

1. 招聘特点

（1）用人单位性质分布

图4-1为用人单位的性质分布。总体来看，国有企业的比例最多，所占比例为26.6%；其次为民营企业，所占比例为22.6%；再次为事业单位，所占比例为19.6%；外资企业和其他性质的单位比例相同，均为11.6%；高校或科研机构所占的比例相对较低，为8.1%。

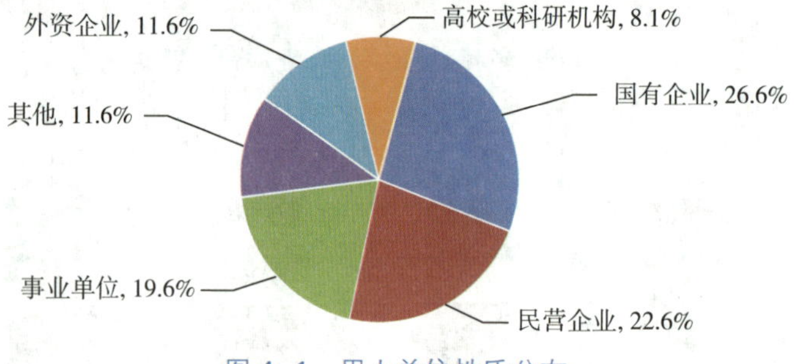

图4-1　用人单位性质分布

（2）招聘学历分布

图4-2为用人单位的学历要求分布。在招聘学历要求方面，本报告根据各企业招聘职位对应的学历要求，以及最低学历要求进行了数据整理。从分析结果来看，本科及以上学历的招聘职位量最多，所占比例为45.2%；其次为硕士及以上，所占比例为40.1%；而要求博士或

大专及以上学历的职位相对较少，所占比例分别为 5.5% 和 1.9%。

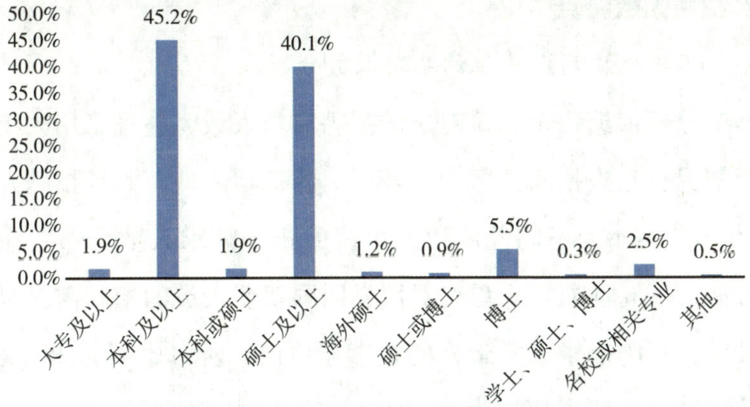

图 4-2　用人单位的学历要求分布

图 4-3 为用人单位的最低学历要求分布。从职位对应的最低学历要求来看，共分为大专学历、本科学历、硕士学历、博士学历及学历不限 5 个档次。从最低学历的占比情况来看，最低要求为本科学历的职位数量最多，为 49.9%；其次为硕士学历，所占比例为 42.2%；再次为博士学历，所占比例为 5.5%；而大专学历和学历不限的职位数

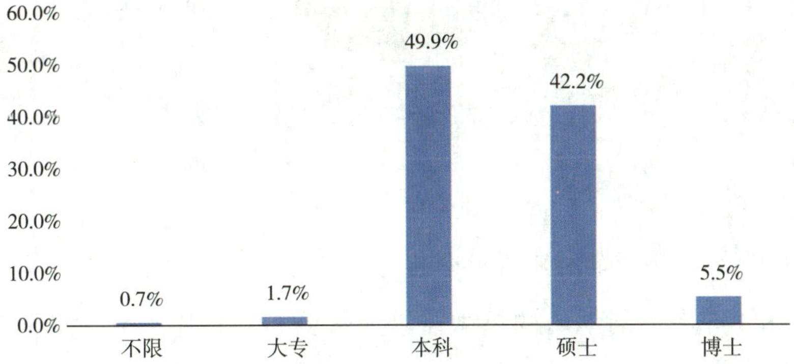

图 4-3　用人单位的最低学历要求分布

量相对较少，所占比例分别为 1.7% 和 0.7%。

2. 招聘人数特点

（1）不同性质用人单位的招聘人数分布

本节分析依据每个职位对应的招聘需求人数，整理了用人单位实际招聘情况，除去招聘人数为“若干”的选项之外，共计招聘人数为 6109 人。图 4-4 为不同性质用人单位的招聘需求人数分布。在招聘人数方面，不同性质用人单位对留学回国就业人员的招聘需求有所区别。其中，招聘需求人数最多的是事业单位，所占比例为 38.7%；其次为民营企业，所占比例为 18.3%；再次为国有企业和外资企业，所占比例分别为 16.7% 和 14.2%。而高校或科研机构，以及其他类型企业招聘需求人数相对较少，所占比例分别为 5.8% 和 6.3%。

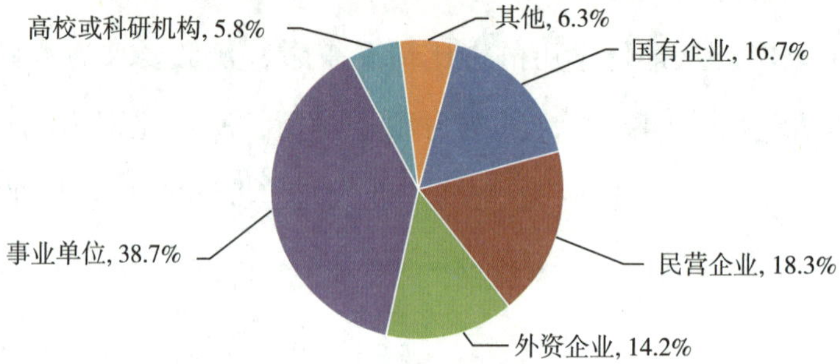

图 4-4　不同性质用人单位的招聘需求人数分布

（2）不同学历的招聘人数分布

图 4-5 为不同学历的招聘需求人数分布。具体来看，最低学历为本科以上的招聘人数最多，所占比例为 52.2%；其次为硕士以上

学历，招聘人数占比为27.5%；再次为博士学历，招聘人数占比为17.3%。而学历不限和最低学历为大专的招聘需求相对较少，所占比例分别为0.1%和1.9%。

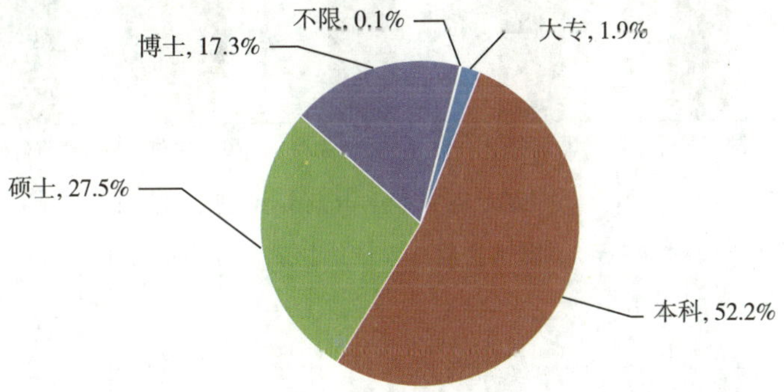

图4-5 不同学历的招聘需求人数分布

（3）不同性质用人单位的招聘学历需求分布

图4-6为不同性质用人单位的招聘学历需求分布。总体来看，不同性质用人单位对各学历需求的人数有明显差异。在国有企业中，硕士以上学历的招聘需求人数占比为49.0%，本科以上学历占比为47.9%，大专以上学历为2.9%；在民营企业中，本科以上学历的招聘需求人数占比为76.0%，硕士以上学历占比为20.3%，大专以上学历为2.5%；在外资企业中，本科以上学历的招聘需求人数占比为73.4%，硕士以上学历占比为25.2%，大专以上学历为1.2%；在事业单位中，本科以上学历的招聘需求人数占比为44.0%，博士学历占比为34.5%，硕士以上学历占比为19.0%，大专以上学历占比为2.2%；在高校或科研机构中，博士学历的招聘需求人数占比为62.4%，硕士以上学历占比为21.6%，本科以上学历占比为16.0%。

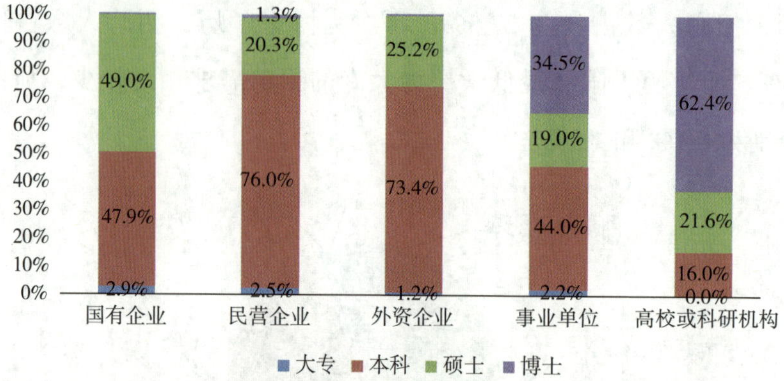

图 4-6　不同性质用人单位的招聘学历需求分布

（四）总结

1. 留学回国就业人员的就业状况

留学回国就业人员的基本信息和学习情况。从基本信息来看，留学回国就业人员中女性比例较多，年龄主要集中在 26—30 岁，未婚比例较高，出生地为山东、河北和北京的较多。从获得学历来看，留学回国就业人员中获得硕士、博士、本科及专科的人员比例依次递减，并且人数较多的学科为理学、管理学和经济学。从所学专业来看，博士留学人员中金融学、会计学和工商管理的比例最高，硕士中化学、经济学和机械工程的比例最高，本科及大专中经济学、工商管理和会计学的比例最高。

留学回国就业人员的留学情况和留学时间。从留学国家来看，留学人数较多的国家和地区分别是英国、美国、澳大利亚、中国香港和韩国；从留学院校来看，人数较多的学校为曼彻斯特大学、格拉斯哥大学、伯明翰大学、谢菲尔德大学和悉尼大学；从留学时间来看，博士平均留学时间为49.2个月，硕士平均留学时间为23.9个月，本科及大专平均留学时间为40.4个月。

留学回国就业人员的就业机构和就业区域。从就业机构来看，博士主要去大专院校、事业单位和外资企业，硕士主要去国有企业、民营企业和其他类型就业机构。从就业区域来看，在北京入职的留学回国人员中，人数最多的是海淀区、朝阳区、西城区和东城区。这些区经济发展较好，高等院校、科研机构和大型国有企业分布较多，对留学人员吸引较大。

2. 留学回国就业意向调查分析

就业意向调查受访者的基本信息和学习情况。从基本信息来看，受访者中女性较多，年龄集中在25—29岁，出生地为北京、河北和山东的人数较多。从学历来看，受访者中出国前为本科、高中和硕士学历人数比例依次递减，回国后硕士、学士和博士的比例依次递减。从留学情况来看，受访者中前往英国、美国和澳大利亚留学的人员较多，所学专业为管理学、经济学和理学的比例较高。

就业意向调查受访者的工作经验和薪酬水平。从工作经验来看，受访者中有2—5年、2年以下和无工作经验的人数比例相对较多。从目前的薪酬水平来看，薪酬为5000元以下、5000—10 000元，以及10 000—20 000元的所占比例依次下降。

就业意向调查受访者的期望就业情况。从就业地区来看，受访者中选择在北上广深一线城市的比例最高。从行业来看，选择金融业、农林牧渔业和教育业的比例较高。从就业机构来看，选择在事业单位、国有企业、外资企业就业的比例相对较高。从期望薪酬来看，期望薪酬为5000—10 000元人数最多，其次为10 000—20 000元。

就业意向调查受访者的择业决策情况。从择业决策驱动因素来看，受访者在就业过程主要看重的是职业发展空间、薪资福利和所在城市。从择业决策信息支持来看，受访者主要通过网络、招聘会和亲戚朋友介绍来找工作，而通过电视、报纸及其他渠道等传统媒介进行工作搜寻的比例相对较低。

三、专题研究报告

改革开放40年中国留学服务工作研究报告

（一）改革开放40年中国留学服务工作的历史阶段及特征

（二）改革开放40年留学服务工作典型分析

（三）党的十八大以来留学服务的辉煌成就和卓越贡献

（四）留学服务工作的前景展望：留学服务适应新时代仍须再接再厉、续写华章习近平总书记在庆祝改革开放40周年大会上的讲话指出："改革开放40年来，从开启新时期到跨入新世纪，从站上新起点到进入新时代，40年风雨同舟，40年披荆斩棘，40年砥砺奋进，我们党引领人民绘就了一幅波澜壮阔、气势恢宏的历史画卷，谱写了一曲感天动地、气壮山河的奋斗赞歌。"改革开放40年来，中国经济社会发展发生了翻天覆地变化，留学服务工作也走过了波澜壮阔的非凡历程。40年来，在党中央、国务院的坚强领导下，中国留学政策因势而变、与时俱进，公派留学从选派方式、选派规模到留学领域、资助力度都发生前所未有的变化，公派留学人数从改革开放前1977年的220人增长到2017年的3.12万人。自费出国政策实现艰难破冰、从无到有，自费留学人员2017年达到54.13万，成为留学大军的主流，中国业已成为世界最大的留学输出国。40年来，党中央、国务院始终把留学服务摆在留学工作的突出位置，留学服务从组织机构、工作机制到服务范围、服务规模都发生前所未有的变化，留学服务工作的"四梁八柱"基本建成，集留学行前培训、留学签证、档案存放、学历学位认证等诸多服务功能于一体的中国留学服务中心已经成为中国"留学人员之家"和世界留学服务的金名片，先后为240万留学生提供各种各样的服务。40年来，包括中国留学服务中心在内的各级留学服务机构坚持围绕中心、服务大局，奋发进取、锐意创新，不断增强服务留学生的自觉性、主动性和创造性，着力为科教兴国和人才强国添砖加瓦，累计助推313.2万留学人员回国就业创业，为中国特色社会主义建设增添了一支视野开阔、专业精湛、素质优良的留学人才大军。成就振奋人心，使命催人奋进。站在改革开放40年这一新的重大历史节点上，以习近平同志为核心的党中央发出了建设新时代中国特色社会主义的伟大召唤，为进一步做好留学服务工作提出了新的更高要求。不忘历史、继往开来，迫切需要以国家发展全局的宏阔视角认真回顾总结留学服务工作的成绩和经验，以习近平新时代中国特色社会主义思想为指引，全面履行各项职责使命，不断创造新时代留学服务工作新辉煌。

（一）改革开放 40 年中国留学服务工作的历史阶段及特征

改革开放 40 年我国留学服务工作波澜壮阔的历史进程，大体可以划分为四个时期。

1. 恢复发展期（1978—1992 年）：解放思想、鼓励留学、掀起出国留学热潮

改革开放以前，我国虽然有留学工作，但是派出的人数和留学国家都很少，而且主要集中在苏联和东欧等社会主义国家。虽然留学人数不多，但许多留学人员回国后成为经济、技术等领域的佼佼者，如“两弹一星”元勋周光召和孙家栋就是改革开放前赴苏联留学的。当然，由于当时处于计划经济时代，留学工作主要是靠行政手段，还不存在留学服务的概念。直到 1978 年 6 月 23 日，邓小平同志作出了扩大派遣留学人员的决策以后，出国留学活动才逐渐蓬勃发展起来。

（1）邓小平“6·23”重大决策与公派留学为主导的留学政策的推行

随着“文化大革命”的结束和高等教育考试招生制度的恢复，教育对外交流也摆上了党和国家的议事日程。1978年6月23日下午，已恢复了党内外职务并自告奋勇抓教育和科技工作的中共中央副主席邓小平同志，同国务院副总理方毅同志以及教育部负责人蒋南翔、刘希尧、清华大学校长兼党委书记刘达等同志进行座谈。在谈到留学生派遣问题时，邓小平同志从留学工作的思路和留学生派遣规模方面给出了明确方向，他说："我赞成留学生的数量增大，主要搞自然科学。留学生的管理办法也要注意，不能那么死。跟人家搞到一块，才能学到东西。这是五年快见成效，提高我国水平的重要方法之一。要成千成万地派，不是只派十个八个。教育部研究一下，花多少钱值得。我们要从外语基础好的高中毕业生中选派一批到国外进大学。今年三四千人，明年万把人。这是加快速度的办法。"

在加快选派速度，增大派遣规模的基础上，需要有完善的配套政策予以支撑留学派遣工作。在谈到留学生派遣政策时，邓小平同志表示："现在我们的格格太小，要千方百计加快步伐，路子越走越宽。我们一方面要努力提高自己大学的水平，一方面派人出去学习，这样也可能有一个比较，看看我们自己的大学究竟办得如何。留学生管理制度也要改变一下。留学生可以住在学校，也可以住在国外朋友家里，暑假还可以让他们回来一下，了解国内情况。教育部要有一个专管留学生的班子，可到留学生较多的国家去看看，经常了解留学生的状况和需要解决的问题。今年派三千出去，怎么选择，派到哪里，要订好计划。"

根据我国仍处在社会主义初级阶段的基本国情的现实条件，通过教育尤其是出国留学教育学习国外先进的技术，是促进国家繁荣富强的重要途径。因此，在谈到恢复和发展在“文化大革命”中受到严重破坏的科学和教育秩序时，邓小平同志多次表示：“现在看来，同发达国家相比，我们的科学技术和教育整整落后了 20 年。”“我们要实现现代化，关键是科学技术要能上去。发展科学技术，不抓教育不行。”他还强调，我们国家要赶上世界先进水平，派人出国留学“是一项具体措施”。

在党的十一届三中全会召开前不久，邓小平同志的这些高屋建瓴、革故鼎新的重要论断，开启了中国扩大派遣出国留学人员的大门，奠定了制定全方位扩大选派留学生政策的基础。随后，中国政府在十年“文化大革命”之后国家财政仍十分困难的情况下，决定拨出大量外汇，向西方发达国家派遣大批国家公费留学人员。有关职能部门研究和制定了改革开放新时期出国留学事务的一系列政策方针和管理规定，并在实践中不断调整、完善和发展。在教育部以及其他有关部门的共同努力下，从 1978 年开始的三年多的时间里，共派遣出国留学人员 6800 多人，即从 1978 年一年只有几百人的派出规模，迅速增加到 1981 年一年内派出近 3000 人。派出人数的增幅和数量在当时非常罕见，世界亦为中国留学派出规模感到震惊。在实行扩大派遣出国留学人员政策的同时，服从于中国外交方针的中国出国留学政策体系不断得到修复与完善，与之相配套的出国留学人员的基本管理制度也逐步建立和完善起来，为其后持续 40 年之久的大量派遣出国留学人员的活动打下了坚实的基础。

在改革开放需要大量接收国际先进教育人才的客观背景下，在出国留学规模不断增加的现实情况下，教育部结合邓小平同志“6 · 23”

讲话和中共中央的指示要求，认真落实要成千成万地派遣留学生的意见，在18天后即1978年7月11日，向中共中央和国务院呈报了《关于加大选派留学生数量的报告》(以下简称《报告》)。《报告》提出了新的派遣原则，再度确定并积极实施"大量派遣公费留学生"的政策，迅速制定了新的出国留学的选派方针、派出规模、出国留学人员选拔办法和遴选办法以及选派国别、专业分配、管理办法等政策原则。在此时期，主要的公派出国留学原则可概述为"积极主动，择优选拔，保证质量，力争多派，突出重点，统筹兼顾"的政策。《报告》指出，每年拟按大学生、进修生和研究生三种类型派出留学生，每年选拔5000—6000人，实际派出3000人。其中大学生占60%—70%，进修生占15%—20%，研究生占15%—20%。今后拟逐步提高进修生和研究生的比例。留学派往国家要根据"实现新时期任务"的需要和有关国家可能接受留学生的情况，有重点、有目的、有选择性地派出。与此同时，国家还积极探索了博士研究生的公派留学政策，对于各教学科研单位来说，可以单位资助的形式派出留学人员。在派出国家中，当时有英国、法国、联邦德国、日本、意大利、加拿大、美国等20多个国家可以考虑选择。派出渠道采取官方、民间（包括友好人士和院校之间直接联系）等多种形式。所学专业主要是自然科学，同时派出一些语言专业留学生，并适当安排一些学习科技管理、经济管理和社会科学的留学人员，以适应国家经济、科学技术的发展和高等学校新建专业及长远规划的需要。另外，《报告》还就留学生出国前和出国后定期回国学习的安排以及留学生管理机构等有关问题提出了意见。《报告》的实施，为形成出国留学的热潮奠定了政策基础。

《报告》的提出在当时引起了强烈的社会反响，专家学者对派出比例、派出规模、学习内容、派出的必要性等进行了广泛的讨论。根据《报告》的内容，结合当时专家学者为留学派遣工作提出的宝贵意见，1978 年 8 月 4 日教育部印发了《关于增选出国留学生的通知》(以下简称《通知》)，对出国留学计划进行了进一步优化，明确规定派出人员的人数、年龄、学历背景、选拔范围、出国学习内容等。《通知》确定要将出国留学派遣名额在原来已经确定的 500 人的基础之上再增加 2500 人，达到每年派出 3000 人的计划。

派遣计划的落实使出国留学工作渐渐步入正轨，但从 1978 年开始的头三年里，中国实际派出公费留学人员 6800 多人，仅完成原定派出计划的 75.6%。结合改革开放和经济社会发展的客观现实需求和出国留学工作的实际情况，出国留学工作被作为新时期的主要工作重点纳入第六个“五年计划”之中。1982 年《中华人民共和国国民经济和社会发展第六个五年计划（1981—1985）》中，明确提出“要在第六个五年计划时期争取达到派出 1.5 万名出国留学人员，留学回国人员要达到 1.1 万人”，“学习的专业要以自然科学和工程技术为主，派出一定数量的人员学习外国的政治、经济、法律、教育等”。此计划再次确认扩大选派留学人员的计划与目标，为出国留学事业发展开启一个良好的开端。

在第六个“五年计划”实施到 1992 年期间，国际形势发生积极变化，伴随着我国实行“独立自主的不结盟外交政策”，国际形势在一定时期内向好的方向发展。中国与美国建交后，双方关系循序发展，高层互访和对话较为密切，中美双边贸易额不断增大。中苏关系也实现正常化，双方经济贸易及科学技术双边合作逐渐增多。截至1992年，中国已经与世界上154个国家建立外交关系，并同世界上200多个国家和地区建立了经贸、科技和文化交流与合作关系。国际形势的向好一定程度上为我国留学工作的开展提供了适宜生长的土壤，创造了更好的条件。

此期间，是中国出国留学活动的活跃期，留学活动的派出规模、面临的国内外形势、派出工作的复杂程度等都比改革开放初期有明显的变化。但是出国留学活动仍以公派留学人员为主，这一时期的政策主要涉及公派人员的管理与服务。派出规模更加扩大、派出管理更加规范、派出服务更加完善是这一时期留学工作的主要特点。

1984年11月23日—29日，国务院召开了引进国外人才和全国出国留学人员工作会议，决定今后除国家预算每年派出3000名留学人员外，从1985年起额外增加到国外学习的名额，并逐步扩大。教育部统计，1978—1987年的10年内，公派留学人员总数约为4.6万余人，年均为4600余人。由此可见增加公派留学人员政策的确落实到位，超过了改革开放初期提出的每年派出3000人的目标。“出国留学之风”在当时蔓延，并有愈演愈烈的趋势。

在公派出国留学活动如火如荼地进行期间，也面临一些新的问题。例如出国留学人员不能按期回国，国内研究生教育与国外研究生教育发展冲突，回国人员难以充分发挥所学科学技术专长，保障出国留学经费开支等问题。这些问题一定程度上阻碍了留学活动健康发展，使出国留学政策效果大打折扣。

在保证留学人员正常派出的同时，如何引导派出人员按期学成归来，为祖国的经济发展贡献力量，实现留学人员回国服务显得尤其重要。因此1986年国务院发出《关于改进和加强出国留学人员工作若干问题的通知》，针对上述问题提出了“按需派遣，保证质量，学用一致”的选拔派遣公费出国留学人员的新政策，着重派出进修人员、访问学者，一般不派大学生。建立公派出国留学人员与选派单位签订协议书制度，第一次把签订出国留学协议书的政策作为公派留学出国前必须履行的手续。

1988年国家教委召开第13次全体委员扩大会议，回顾了1978—1987年公派留学情况。在此期间，中国大陆共向76个国家、地区公派留学人员约4.6万人。其中访问学者、进修人员3.2万人，研究生1.2万人，大学生1300余人。会议强调，事实证明出国留学政策是成功的，应继续贯彻上述方针，做到精选精派，增加进修人员、访问学者和博士后人员派出数量，改变拨款方式，设立国家留学基金，成立基金管理委员会，对成熟的政策和规定运用法律固定下来。此次会议较为系统地总结了我国公派留学的情况，明确了今后一段时期公派出国留学的方向，为政策的制定和完善提供保障。在此基础上，国家教委发布《关于选拔1989年国家公费出国留学人员的通知》，明确除个别部分、地方外，不再采取分配国家公费出国留学人员名额的办法，由各部委，各省、市、自治区所属单位按照统一规定的项目推荐人选，然后由国家教委审核确定。选拔名额与1988年持平，约1800人，另外选拔在读博士生和攻读博士生学位研究生各200名。此通知确定的公派留学选拔和分配制度更具有灵活性，对公派留学人员出国数量的逐渐增加起到重要作用。

在1982—1992年期间，除了上述重要政策和会议外，国家针对公派留学工作还制定了大量的政策，使公派留学政策体系不断健全，留学人员的结构更加合理，资金利用更加规范，管理措施更加具体，形成了“公派出国申报—审批—管理—出国学习—回国”全过程科学把控，实现了公派留学体系的规范化、科学化、系统化。公派留学从邓小平同志“6·23”讲话之前每年不足1000人，发展到1978—1987年年均4000多人的规模，其中博士生、访问学者等高端人才占比逐渐增加，汇聚形成了公派留学“出国潮”，公派留学事业的蓬勃发展为我国经济腾飞和社会繁荣奠定了雄厚基础，也为我国出国留学服务工作的开展打开了新的局面。

（2）自费留学的解冻与宽严的变化

在改革开放以前，我国的生产生活水平较低，整个社会对出国留学认识不够，自费留学出国的行为只是极个别现象，因此自费留学出国并未纳入当时出国留学政策体系中。随着中国出入境政策的开放和中外教育交流的不断增多，尤其是受到1978年公派留学人员政策的影响，申请自费出国留学的人员不断增加，相应的自费出国留学实践活动与管理实务中的一些政策问题也日益凸显，对于自费出国留学如何界定性质、是否允许、如何办理相关手续等并没有一致性意见，没有相关的文件作为参考。1978年底，当首批52名赴美中国公派留学人员的消息被登报印发时，并未有多少中国人认识到此次事件所具有的历史意义。到了20世纪80年代初，有关派遣留学生的报道越来越多地出现在媒体上，而且被越来越多的人们关注、认识，申请自费出国留学的人员与日俱增。据《中国教育年鉴》记载，1980年一年内，自费出国留学的人数已多达三四千人。但在1981年以前，尚未有正式的文件予以支撑，自费留学的办理仍然比较困难。

针对中国公民申请自费出国留学数量增加这一情况，教育部等7个国家部委局于1980年12月20日共同向国务院提交了《关于自费出国留学的请示》和《关于自费出国留学的暂行规定》(以下简称《暂行规定》)，经国务院批准后于1981年1月14日予以执行。《暂行规定》全文虽仅有12条，但却是新中国成立以来第一份关于自费出国的政策性文件，文件明确说明自费留学是培养人才的一条渠道，自费留学人员是国家出国留学人员的组成部分，对自费和公费出国留学人员应一视同仁等。此规定的实施是当时中国政府在实行“对外开放”政策中对于出国留学所迈出的大胆一步，表明了国家对于自费出国留学的基本态度，由此奠定了较为宽松的自费出国留学政策基础。

1981年1月1日，即上述《暂行规定》实施之前，《中华人民共和国学位条例》(以下简称《条例》)开始正式实施，这是新中国成立以来第一部涉及学位制度的条例。《条例》保证了国内学位制度和研究生人才的培养，保持了国内在校研究生教育和教学秩序的相对稳定。《条例》的出台一方面有利于对在校研究生的培养，另一方面也有利于制定早期自费出国留学政策，强化对在校研究生申请出国留学的管理。

在开放自费留学政策的同时，为了防止自费留学人员的迅速暴涨进而引起国内教学秩序的混乱，教育部加强了对自费留学的管理，于1981年9月8日印发了《关于在校研究生自费出国留学问题的通知》，结合《暂行规定》对在读研究生出国作出严格的政策限制，强调不允许在读研究生自费出国留学。对坚持要求自费出国留学的在读研究生，可允许其退学，但学校只提供学历证明，不提供学习成绩单。因此，当时被国家认可的只有高中毕业生出国留学、大学本科出国留学。但也有一部分在校本科生和研究生采取“退学”的方式申请出国留学。据统计，从《暂行规定》颁布到1981年年底，全国有3000多人自费出国留学，与当时公派出国留学的规模基本相当。

随着自费出国留学人员的不断增多、公费出国留学规模的不断扩大，自费留学出国政策难以满足现实需要。例如《暂行规定》实施期间，有些自费出国留学人员并未按照规定自费出国留学，部分在校生宁可退学也要出国留学等事件严重影响国内教学秩序、学位制度与人才培养计划，引起了有关部门的担忧。有些自费留学人员骗取亲属资金、伪造证件骗取出国资格、出国留学时不与当地大使馆联系导致出现人身安全问题、思想腐化甚至反动等。

为此，中共中央于1982年3月31日印发了《关于自费出国留学若干问题的决定》(以下简称《决定》)，对自费留学实行更严格的限制，在《暂行规定》的基础上强调并提出了十项限制自费留学的新政策。《决定》重申只有高中毕业生或在国内工作两年以上的大学本科毕业生，才能申请自费出国留学，并且对自费出国留学经费来源进行严格审查，严格按照原有规定办理。由此可见，《决定》相对《暂行规定》的针对性更强，权威性更大，控制性更强，表明自费出国政策“开始收紧”。

为了配合上述《决定》，调查党政干部及相关子女、配偶、孙子女出国留学情况，加强对自费留学事务的监督和管理，中共中央组织部于 1982 年 5 月印发《关于自费出国人员登记工作的通知》(以下简《通知》)。《通知》规定，司局和地师级及以上党政干部或其亲属中有公费留学的，需要在当年 7 月底前统一上报中央组织部，方便中央掌握干部家属中公费留学、自费留学的真实情况，进一步加强对自费出国留学人员的管理和教育。

随着《关于自费出国留学若干问题的决定》颁布，依据中国公民申请自费出国留学的现实情况，原有的《关于自费出国留学的暂行规定》需要重新制定，才能更加适应新的自费出国留学形势发展。1982 年 7 月 16 日，国务院批转教育部、公安部、外交部和原劳动人事部四部委联合制定了《自费出国留学的规定》(以下简称《规定》),《规定》扩展了自费留学的范围，包括申请读国外的大专、本科、研究生或进修者。同时对申请者的年龄、是否是高校在校生、工作年限、职称等进行了限制。一方面稳定了国内良好的教学秩序，另一方面防止了国家科技人才的流失，加强了国家对自费出国留学生的管理。

随着中国 20 世纪 80 年代经济体制改革、科学体制改革、教育体制改革等一系列改革措施的实施，全方位对外开放新格局逐步形成，自费出国留学活动也不断蓬勃发展。自上述《规定》发布两年后的 1984 年，中共中央提出“对自费留学，要坚决大胆放开”的要求，一时间“出国热”迅速升温。中共中央、国务院于 1986 年 5 月印发了《关于改进和加强出国留学人员工作若干问题的通知》，同年 12 月 13 日批准了《关于出国留学人员工作的若干暂行规定》。上述两个文件对 1984 年的《暂行规定》进行了重要修改，对自费留学的经费来源、在读研究生、高校毕业班学生、在职人员、归国华侨申请出国留学等进行了重新规定。两个文件的出台一定程度上稳定了国内正常教学秩序，也为中国自费出国留学规模扩大创造了条件。

在政策放开的背景下，由于国内政治因素的影响，同时自费留学出现盲目出国、出国渠道混乱、海外掠夺留学人才、留学人才逾期不归等问题，国家对此十分重视并加以研究。1990 年 1 月 25 日，国家教委印发《关于具有大学和大学以上学历人员自费出国留学的补充规定》，收紧自费留学政策。此政策出台以后在国内外引起了强烈反响，在国家力图稳定教学科研秩序的同时，也在一定程度上更加激发了青年学生申请自费留学的热情，使自费留学人数呈现高速增长态势。但是自费出国留学人员的学成回国率一直较低。

纵观 1978—1992 年期间，自费留学政策经历了“宽松—收紧—宽松—收紧”的往复循环的状态，这种状态的出现一方面体现了管理层对于自费出国留学经费来源、是否准许高校在校生和研究生自费出国留学问题、对待在职技术骨干人员和归国侨胞自费留学等问题存在深化认识和相机调整的过程，另一方面也受到当时的国际和国内经济形势、政治形势的影响。这一时期是我国自费留学政策变革的特殊时期，在不断的探索和实践中奠定了我国自费出国留学的基础，为进一步扩大自费出国留学规模，为国家输送大量高科技、高水平人才提供了坚实的基础。

（3）留学人员培训管理服务体系的建立和中国留学服务中心的组建

在国际环境日益复杂和出国留学规模不断扩大的背景下，只有强化培训课程，创新管理方式，优化服务内容，建立完善的出国留学人员培训、管理和服务体系，才能为出国留学人员创造一个更好的发展环境，为国家经济发展源源不断地输送高端人才。因此，如何建立并完善出国留学人员培训管理服务体系，如何规范化地管理出国留学事务，是这一时期出国留学政策的重中之重。

培训工作是出国留学之前必须做的重要工作。只有掌握了基本的外语知识和技能才能顺利地攻读国外的学位，接受国外的教育。由于当时出国留学的学生很少具备基本的外语能力，因此政策管理部门规定公派留学人员在留学之前必须要接受外语培训。教育部也于1983年6月25日印发《关于为选拔出国留学预备人员进行外语水平测试的通知》，明确申请出国留学人员外语成绩须符合要求，方可应选出国留学。外语水平测试考试语种为英、德、法、日，涉及听、说、读、写、译几种基本技能。

为进一步保证公费出国留学人员的外语水平，1989年8月30日，国家教委发布《关于一九八九年国家公费出国访问学者预备人员录取及外语培训的通知》，指出“凡今年录取的国家公费留学人员，最终是否派出，根据对他们进一步全面考察决定，均需参加我委统一组织的培训。培训期间不仅进行外语教学，还将加强政治思想教育和考察工作”。此时的培训工作由单一的注重外语培训，延伸到全方位的政治思想教育和系统考察阶段，标志着培训工作逐步走向系统化和规范化，为出国留学人员出国学习和回国发展提供了充足的保障。

管理工作是保障出国留学事务有条不紊运行的重要内容。当时管理工作包含两部分内容：一是设立专门管理留学事务工作的组织，负责开展留学事务的管理工作，为留学人员提供服务；二是建立并形成完善的管理政策体系，保障出国留学事业健康发展。其中管理工作既具有管理性质，同时也兼具服务出国留学人员的性质。1986年12月13日国务院批转《关于出国留学人员工作的若干暂行规定》(以下简称《暂行规定》)中，专门设置了“出国留学工作的组织管理”一节，规定国家教育委员会在国务院领导下，归口管理全国出国留学人员工作，非教育系统的出国留学人员的派出计划和回国后的工作分配，由国家科学技术委员会会同国家经济委员会负责。驻外使领馆教育处(组)负责出国留学人员在国外期间的具体管理工作。出国留学人员在国外学习期间成立的“学生会”是留学人员进行自我教育、自我管理、自我服务的组织。该规定明确了出国留学人员工作的组织管理部门，迈出出国留学工作管理关键一步。

在《暂行规定》颁布的基础上，国家教委在1987年1月28日印发了《关于发布若干出国留学人员工作管理细则的通知》，同时颁布5个《管理细则》作为管理工作的有效补充，为公派出国研究生留学期限、工龄计算、从事博士后研究或实习的管理、申请延长留学期限、单位公派出国留学人员选派工作和经费管理等方面提供管理细则，相对《暂行规定》更具有操作性，进一步完善了出国留学管理体系。

此外，国家教育行政管理机构还针对特定区域和群体开展了许多教育、管理、服务工作。例如国家教委留学生司于1989年10月在法国召开西欧留学工作会议、1990年在苏联和东欧地区召开苏联和东欧地区留学工作会议，先后针对赴西欧、东欧、苏联、日本留学人员发布了相对应的管理工作中若干问题的实施办法，使政策的制定更加具体化、具有针对性和可操作性。国家教委还于1989年9月27日印发了《关于为滞留不归留学人员办理有关手续事项》的文件，针对公派人员不归国、与外籍人员结婚等问题，规定滞留不归需要偿还全部费用并报国家教委批准后，方可为他们办理公证、出具婚姻证明、换发护照手续。可见，留学管理政策逐渐系统化、规范化、灵活化，针对当时面临的现实条件因地制宜、针对性地提出管理措施，为留学管理和留学服务工作的开展提供明确的政策依据。

服务工作是保障出国留学人员顺利学习知识，保障留学回国人员落实工作单位的重要内容。一方面，通过慰问的形式加强与留学生之间的联系，体现党和国家的亲情；另一方面通过对留学人员提供思想政治教育，为他们介绍出国期间国内有关的方针、政策，使他们更加深入了解国家的基本情况，避免与国家发展脱节。

慰问工作一直被作为服务工作的重要工作内容。政府提出和形成了“慰问在外留学人员的政策与制度”，并从 1981 年开始，先后派出考察组、调查组和慰问团看望出国留学人员，带去国家领导人的慰问，讲解国内发展状况，听取留学人员的意见，与相关工作人员交流看法。例如利用新年、春节等重要节日组成“出国留学慰问团”，带去家乡人民的祝福；组建“看望留学人员慰问团”，在世界各国巡访；组建工作小组、专业演出团体等到各个留学人员所在国家进行慰问演出等。

慰问团不仅具有慰问作用，同时也具有宣传教育功能。思想政治教育作为留学出国人员的精神食粮，需要持之以恒扎实做好思想政治教育工作。根据 1982 年中共中央提出“要向出国留学人员提供丰富精神食粮，以利加强对出国留学人员的思想政治工作”的政策要求，政府拨出专项经费，购买国内电影、录像、图书、《人民日报（海外版）》等反映国内经济和社会发展的材料，随慰问演出并通过驻外领事馆定期分发给出国留学人员。

不仅如此，在1986年为了加强向出国留学人员介绍国内信息，中宣部外宣局会同国家教委商定，在《人民日报（海外版）》开辟“中国留学生之页”专版，次年由国家教委创办以出国留学人员为主要读者群的《神州学人》月刊杂志，邓小平同志亲自为该杂志题写了刊名，以刊登留学人员撰写的文章，介绍国内社会经济发展形势和主要方针政策，满足留学出国人员的精神需求。

培训、管理和服务体系的完善需要有一个强有力的部门，以此保障出国留学服务工作长久健康地维持下去。为了加强对出国留学人员尤其是归国人员的服务，为适应出国留学工作发展的需要，经国务院批准，在1964年7月设立的原高等教育部出国留学生集训办公室的基础上，1981年成立了教育部出国人员北京集训部，1983年更名为国家教委出国留学人员北京集训部。邓小平同志对留学工作十分重视，在1987年北戴河中央政治局常委扩大会议上，亲自提议由国家教委成立一个专门机构，从事留学服务工作。1988年10月28日召开的国家教委第13次全体委员扩大会议强调，留学服务中心要为留学人员提供各种服务，包括提供“双向选择”服务，并反复强调“服务就是政治，服务就是大局，服务就是吸引力”，要把尊重知识、尊重人才的政策及党和国家对留学人员的关心、期望通过服务带给他们，体现出来。“从今年开始，每年有上千名国家公派研究生学成，将要回国工作，我们应当像对待亲人一样，帮助他们解决工作和生活上的问题，搞好对他们的安排，充分发挥他们的作用，这是当前和今后一个时期出国留学工作的重点。”遵照中央指示精神，为适应我国体制改革、政府职能转变和加强留学服务的新形势，经过一年的筹备，1989 年 3 月 31 日，国家教委留学服务中心在原国家教委出国人员集训部的基础上成立了，对外称“中国留学服务中心”。从“中心”成立的背景看，它是我国现代化建设的总设计师邓小平同志亲自倡议成立的，是国家改革开放的产物。

中国留学服务中心性质上是具有独立法人地位的事业单位，承担大量出国留学工作和留学回国工作中一般不需要政府直接出面的事务性活动。中心的宗旨主要是提供各种形式的服务，例如为公派出国人员提供咨询、办理出国手续等服务，为出国留学人员回国工作落实工作单位和回国投资服务等。当时在全国陆续设立 23 个分支机构，在国外设立 3 个分支机构。为适应出国留学多元化的新形势，为留学人员提供方便，留学服务中心将原来定期集训、定期办理手续的做法，改为随来随办，同时舍弃了一些在计划经济条件下形成的已经过时的服务内容。1990 年 6 月，为加强对我国因公出国留学人员的统一归口管理，更好地提供服务，使他们能及时取得有关国家的签证以保证按时出国，外交部领事司和原国家教委留学生司决定，非自办签证单位的长期留学签证，统一由留学服务中心承办，使中心申办签证的服务对象进一步扩大。

中心不仅做好出国留学服务，而且承接留学回国人员的求职申请，为留学回国人员落实回国工作办理派遣手续，提供科研资金、寻找合作项日等。1989 年政治风波后，留学回国工作跌入了低谷。留学服务中心为扭转这种困难局面，根据当时的形势和国内对高层次留学人才的需求，组织了有90多个有关部门和单位参加的12个留学人员招聘团，分赴11个国家，走访了140多个城市，召开了近百场招聘会、洽谈会、座谈会，会见了近2万名留学人员，与数千名留学人员建立了联系，有几百人与代表团达成回国服务意向。在当时的情况下，这些招聘工作促进了留学人员对国内情况的了解，密切了他们与国内的联系，增强了他们对国内政策的认同感，对鼓励留学人员回国工作或以各种形式为国服务产生了深远的影响，也促使国内用人单位和参团人员加深了对留学工作和政策的理解和掌握，推动了留学回国工作的开展。中心作为非官方机构，以其广阔的服务空间，灵活的服务方式，丰富的服务内容，发挥了政府部门难以替代的作用。据统计，1989年，中心接待了1378名留学回国人员，为171人安排了工作。中心还负责1990年5月设立的“留学回国人员科研启动基金”项目，为较高层次留学回国人员提供科研启动资金，帮助他们将所学知识转化为实际成果。

2. 调整改革期（1992—2002年）：因势而变、鼓励回国、掀起为国贡献热潮

20世纪80年代末期、90年代初期的中国，处在改革开放、社会主义现代化道路与模式探索不进则退的临界点上。在这个关键时期，改革开放的总设计师邓小平同志于1992年1月18日至2月21日先后赴武昌、深圳、珠海和上海视察，沿途发表了重要谈话，提出“不坚持社会主义，不改革开放，不发展经济，不改善人民生活，就没有出路；革命是解放生产力，改革也是解放生产力；改革开放的胆子要大一些，敢于试验，看准了的，就大胆地试，大胆地闯；要提倡科学，靠科学才有希望；要坚持两手抓，一手抓改革开放，一手抓打击各种犯罪活动，这两手都要硬”。南方谈话提出的大胆实行改革开放、大胆尝试、提倡科学，为中国市场经济体制的创建指明了道路，为留学服务工作点明了方向，为出国留学人员报效祖国提供了舞台，留学服务工作也由此迈向了一个崭新的台阶。

（1）邓小平南方谈话与“支持留学、鼓励回国、来去自由”方针的推行

从实行改革开放到20世纪90年代初期，国家以公派留学为主，同时允许符合条件的人员自费留学，建立相应的管理机构，完善出国留学工作培训、管理、服务体系，颁布实施了一系列政策文件，一定程度上在国内掀起了“出国潮”。20世纪80年代末期、90年代初期，早批的公派留学攻读硕士和博士学位的研究生已相继获得学位，本应是陆续回国的年份，却由于国外居住条件放宽、国内政治经济等多种因素影响并未按期回国。如何吸引留学人员回国、做好留学人员回国工作，为国服务创造条件，是当前一段时期的重要任务。

邓小平同志对吸引出国留学人员回国工作高度关注。早在1985年邓小平同志会见李政道时谈道：“我们有几万人在国外，这是财富，要收回来。”同年又提出：“我们要加强同国外留学生的联系，要从更多人来考虑，有许许多多条条框框束缚我们，要改革。要制定计划吸引优秀留学人员。”1988年9月邓小平同志再次表示，“我们留学生几万人，如何创造他们回来工作的条件，很重要。这些人回不来，实在可惜啊”。可见，邓小平同志肯定留学人员是一笔宝贵的财富，非常希望出国留学人员回国作出贡献，通过制定计划，运用有目的、有

针对性的政策体系吸引出国留学人员回国，全方位地做好留学服务工作。在对出国留学人员回国工作的长期关注下，中国的政治经济环境也在发生变化，为出国留学人员回国贡献提供了良好的环境。1992年邓小平同志发表了著名的南方谈话。同年，邓小平同志在谈到出国留学人员回国工作时表示："希望所有出国学习的人回来。不管他们过去的政治态度怎么样，都可以回来，回来后妥善安排。这个政策不能变。告诉他们，要作出贡献，还是回国好。"邓小平同志的论断，一方面表达出国家大胆实行改革开放的决心，另一方面也下定了鼓励出国留学人员回国作出贡献的决心，为回国贡献潮创造了一个良好的开端。

根据邓小平同志的上述意见，1992年3月14日，时任国务院总理的李鹏同志在全国科技工作会议上提出国家从政策上保证出国留学人员来去自由，往返方便。同年10月12日，时任中共中央总书记江泽民同志在中国共产党第十四次全国代表大会的报告中提出，热情欢迎出国学习人员参加社会主义建设，给予妥善安排，并实行出入自由、来去方便的政策。

为了进一步支持留学人员回国工作，1992年8月12日，国务院办公厅下发《关于在外留学人员有关问题的通知》，全面体现"支持留学、鼓励回国、来去自由"的政策原则，明确提出："欢迎留学人员回国工作。所有在外学习的人员，不论他们过去的政治态度如何，都欢迎他们回来。""留学人员回国后，按照双向选择的原则，可回原单位工作或自行联系工作。"此文件的出台表明了中国政府欢迎留学人员回国工作热情态度，化解出国留学人员的心理障碍，使得在外留学人员的思想发生根本性转变，在引领在外留学人员回国贡献方面起着关键性作用，为以后的留学活动与管理实务走向奠定了重要的政治基础。

在上述规定的基础上，1993 年 11 月 14 日党的十四届三中全会通过了《关于建立社会主义市场经济体制若干问题的决定》，首次以中共中央文件的形式确立了“支持留学、鼓励回国、来去自由”的出国留学工作方针。这一方针不仅顺应国家市场经济体制改革的需要，同时也为留学人员出国和回国提供政策保障，也代表了今后一段时期出国留学活动的基本方向。通过渐进式改革逐步实现出国留学政策的制度化、规范化和系统化，标志着中国出国留学政策体系逐渐走向成熟，为下一阶段出国留学服务工作的开展提供重要依据。

为落实中央确定的大政方针，国家有关部门陆续跟进出台了相应政策，从各领域服务出国留学人员。例如 1992 年 8 月 23 日，海关总署印发了《关于对在外留学人员回国携带进境行李物品给予优惠的通知》，对留学回国人员携带的一定数量物品予以免税放行政策。1992 年 8 月 29 日，公安部印发《关于执行〈国务院办公厅关于在外留学人员有关问题的通知〉应注意事项的通知》，对护照延期、换领等进行详细说明，方便留学人员。1992 年 10 月 12 日，海关总署等七个部委联合签发《关于回国服务的在外留学人员用现汇购买个人自用国产小汽车有关问题的通知》，对符合条件的留学回国人员购买小汽车实行优惠政策等。

可见，以 1992 年邓小平同志南方谈话和“支持留学、鼓励回国、来去自由”为开端，中国留学政策体系逐渐走向成熟，留学服务工作步入一个崭新的时代。

（2）各地各部门鼓励回国示范性活动和项目的广泛实施

随着国家对留学归国人员回国作贡献的重视程度不断加大，各地各部门也相继出台相应的政策吸引海外留学归国人员，而且政策内容不断丰富和完善。特别是在2000年后，各地方吸引人才的政策更具有针对性，重点面向高层次实用型人才，尤其是拥有含金量较高的科研成果、拥有先进学术技术的海外人才。各地强调吸引人才的专业结构与本地经济发展状况与产业发展战略匹配。此时留学归国人才被重视起来，为市场经济发展贡献了重要力量。

与此同时，中国留学服务软环境也逐渐完善。为了加大留学回国人员对国内情况的了解，国家为此设立了专业化服务机构——中国留学人才市场，为留学回国人员和用人单位提供人才测评、职业规划、优秀人才推荐、档案保管、学历学位认证、就业落户、科研启动资金申请、科技项目合作、远程面试、远程小型海外专题招聘会等服务项目。此外，还为留学回国人员提供各种基金，支持留学回国人员自主创业，为其提供全面完善的配套服务。

在此基础上，各地抓住留学回国人员报效祖国的时机，积极为留学回国人员提供多种示范性项目、服务项目与科研基金，帮助留学回国人员迅速将所学知识转化为促进当地经济发展的成果。此外，在已有的多种服务形式上，又结合人才特点、专业方向、地方特色等实际情况，创造性地提出了一些新的方式、方法、活动、项目或计划，相互之间紧密联系，构成留学回国人员服务池。当时的各种项目主要分为以下几类：颁发表彰奖励、鼓励支持创业、提供信息服务、会演慰问活动、短期资助回国、优秀成果展览、设立科研基金、海内外招聘会、成果交流会等。这些项目的运行保障了留学归国人员成果转化，为我国经济快速有质量的发展提供了强大助力。这一阶段涌现出了许多比较有影响力的留学归国服务项目。

设立和实施科研启动金和专项基金资助项目。各地继续执行此前已经设立的各类涉及留学人员的“科研启动金”项目，包括1990年教育部留学回国人员科研启动基金等，着力在教学领域为留学人员提供适当资助。同时新增专项基金资助项目。如1994年3月14日国家自然科学基金委设立的“国家杰出青年科学基金”，旨在为促进青年科学和技术人才的成长、鼓励海外学者回国工作、加速培养造就一批进入世界科技前沿的优秀学术带头人而特别设立，先后有多位留学归来的国家杰出青年科学基金获得者当选为中国科学院或中国工程院院士，在吸引留学回国人员、造就学术带头、培育创新团队等方面发挥了重要作用。

建立留学人员回国信息网站。1993年6月，中国留学服务中心创办国内首家“留学人才、技术、项目供需信息网”，并于1997年更名为“中国留学网”。该网站是在外留学人员了解留学政策的窗口，是了解国内用人信息的重要平台。平台集项目发布、政策介绍、信息传递、优质服务于一体，保障国内优质项目与留学回国人才的对接。各地各级政府先后建立起许多此类涉及留学人才创业、就业、流动的网站。

建设留学人员创业园。留学人员创业园是经科技部、教育部、原人事部和国家外专局共同批准认定的、以服务于留学回国人员创业为主的公益型科技服务机构。通过各部门的政策鼓励与扶植，各地留学人员创业园引进了大批学有所成的海外留学生回国创业。1994 年由南京市原人事局和高新区共建“金陵留学人员创业园”，是国内最早的留学人员创业园之一。其后，中国的留学人员创业园纷纷建立，发展迅速，成效显著。1999 年 7 月确定每年举办一次“全国留学人员创业园网络年会”,2001 年 6 月确定了 21 个国家留学人员创业园示范园区。这些活动对推进园区间交流与合作，推动留学回国创业服务活动起到积极作用。

实施春晖计划。为了吸引留学人员回国参与教育、科技与经济建设，国家教委于 1996 年 4 月启动实施“春晖计划”，拨出专项经费资助在外留学人员短期回国工作。4 月 25 日发布择优资助已获得博士学位并在本专业领域取得突出成就的优秀留学人员回国工作方案，并制定相关专项经费实施办法。1997 年支持第一个团组——留法学人支持甘肃建设服务团，2000 年增设了海外留学人才学术休假回国项目，2006 年组织了“春晖杯”中国留学人员创新创业大赛。据不完全统计，“春晖计划”共支持海外回国服务团组 200 多个，有海外优秀留学人才 12 000 多人次回国工作或为国服务。

为留学回国人员进行国外学历学位认证服务和就业安置服务。1991 年前后，中国留学服务中心通过与全国 30 多家留学人员服务中心以及国内外相关机构建立业务合作关系，初步形成留学服务工作网络，提供多项服务性事务。重点建立针对留学回国人员的“国外（境外）学历学位认证制度”。经过近 10 年的试运行，国务院和教育部于 2000 年正式批准教育部留学服务中心在全国范围内开展此项业务。其中 2000 年认证 879 份，2001 年认证 1572 份，2002 年认证 3170 份，认证数量逐年增长。通过二十几年的工作，中心已经建立起了一支专业和学历结构合理，具有较高专业素养的认证队伍和完备的认证、鉴别体系。在回国就业安置方面，中心 2001 年落实就业安置工作 440 人次，2002 年 769 人次，呈逐年递增趋势。这两项业务得到了留学人员的广泛认同，开辟了留学人员回国发展的“绿色通道”。

除了上述项目以外，还有许多具有鲜明特色的优秀项目吸引了当时出国留学人员回国作出贡献。例如“中国留学人员回国创业成就展”“第一届上海留学人员成果展”“中国国际人才交流大会”“设立海外高层次留学人才引进专项经费”“中国海外学子辽宁（大连）创业周”“中国留学人员广州科技交流会”“慰问留学回国人员新春文艺晚会”等项目。这些项目的设立使得留学人员感受到祖国对他们的召唤，激发了他们报效祖国的决心，使一大批优秀的留学人员在祖国的大地上发光发热，为推动中国实现社会主义现代化提供源源不断的动力。

（3）公派留学法治化进程与国家留学基金委的建立

20 世纪 80 年代到 90 年代初期，留学人员大部分为公派出国留学人员，公派出国留学政策也得到不断的发展，政策体系逐渐健全，形成公派留学“出国潮”。但是在 80 年代末期西方国家大量截留中国公派留学人员的严峻形势下，中国政府依然坚持派遣公费留学人员不动摇。为了鼓励在外留学人员以不同形式回国服务，1992 年国务院办公厅公开发布《关于在海外留学人员有关问题的通知》，原则上重申公派留学人员有义务为国家服务。同年提出“支持留学、鼓励回国、来去自由”的方针，因此，公派留学在 1992 后的重点由大量派遣人员留学转移到如何保证派出质量和学成后能够回国服务或履行赔偿的管理机制问题。

为了促进公派留学人员回国，为其提供良好的政策环境，使回国与出国留学生的招生、选拔和管理工作走上法制化的轨道，1994年7月11日国务院印发了《关于〈中国教育改革和发展纲要〉的实施意见》，提出要建立国家留学基金管理委员会。根据国务院的上述意见原则，国家教委于1995年组建了中国留学基金管理委员会筹备组，筹备组开始承担国家公费出国留学人员的选拔、派遣及有关的管理事务。同年公布了《改革国家公费出国留学选派管理办法的方案》，决定实行“公开选拔、平等竞争、专家评审、择优录取、签约派出、违约赔偿”的办法，并首先在江苏、吉林两省试点。

在试点的基础上，国家教委决定于1996年全面试行国家公费出国留学选派新办法，并在同年2月29日印发《关于做好1996年国家公费出国留学人员选派办法改革全面试行工作的通知》，主要内容包括明确按照平等竞争的原则录取、公开发布录取结果、签订派出协议、设立严格的留学管理制度等，从此迈出了中国公费出国留学人员选派管理体制改革的关键性一步。与以往管理制度相比，新的办法把“单位推荐”改为“个人申请”，突出了“机会均等、公平竞争、减少中间环节”的政策原则，再度确定了“签约派出、违约赔偿”的政策原则，并建立起了新的执行和保障机制，即以“国家留学基金委”而不是由留学人员工作单位为一方与出国留学人员本人签订《出国留学协议书》，由此减少了留学选派中的人情干扰，提高了政策执行的公平公正性。

在上述通知的基础上，1996年6月20日，中央机构编制委员会办公室批复国家教委 1994 年《关于成立中国留学基金管理委员会的请示》，同意成立国家留学基金管理委员会。国家留学基金主要来源于中国政府设立的国家留学基金计划的财政性拨款，同时接受捐赠与资助。委员会由全体委员会议和秘书处组成，作为法人实体可以与出国留学人员签订协议书，保证公派出国留学质量和按期回国服务。秘书处主要提供申请公派留学相关组织、资助和管理等服务。

国家留学基金管理委员会的设立切实提升了公派留学人员回国率。国家留学基金委秘书处 1996—2006 年 9 月底截止的统计数据显示，在此期间公派留学人员总数达 26 658 人，到期应回国 22 984 人，实际回国 22 331 人，到期回国率 97.2%。未按协议到期回国的多数履行了赔偿协议，协议履约率 99% 以上。可见，国家留学基金管理委员会的设立通过完善的管理和服务体系、健全的管理制度，运用法制化、科学化的手段管理公派留学服务工作取得了积极成效，对我国公派留学服务工作具有重要历史性意义。

（4）自费出国留学支持政策的不断完善

20 世纪 80 年代，我国自费出国留学政策经历了“建立—宽松—严格—宽松—严格”的政策过程，但从整体上看，我国支持按照规定开展自费出国留学活动。到了 20 世纪 90 年代初期，在我国加大改革开放的力度、完善市场经济体制改革需要高层次人才的背景下，“支持留学、鼓励回国、来去自由”方针成为新时期指导自费出国留学的主旋律，自费留学人员逐渐成为中国出国留学群体的主要部分。随之一系列相关政策的出台，为蓬勃发展的自费留学活动提供了支持、引导、保障和服务。

根据“支持留学、鼓励回国、来去自由”的政策原则，国家教委于1993年7月10日印发了《关于自费出国留学有关问题的通知》（以下简称《通知》），再度放宽了自费出国留学政策。《通知》主要内容是任何公费培养的大专生、本科生、硕士研究生都可以在服务期满后申请自费留学，博士毕业生可自费留学做博士后研究。《通知》从政策体制上彻底解除了大部分中国青年人不能申请自费出国留学的制度障碍，基本满足了国内公民自费留学的愿望，为自费留学服务工作奠定了坚实的政策基础。这也使得1993年以后申请自费留学的人数急剧增加。据相关统计，1993—1998年期间，北京市具有高等教育学历人员申请自费出国留学人数平均年增速15%。其中本科生占50%，硕士生占30%，博士生占12%，再度引发自费出国留学潮。

其后，国家教委又陆续印发了三个涉及有关“自费出国留学收取培养费”政策的文件。但随着各方面形势变化，收取“自费出国留学高等教育培养费”不能体现“支持留学”的政策原则。并且20世纪90年代后期以来，国内大学逐步实行了收取学费的制度，使“培养费”的收取变得混乱。为了鼓励自费出国留学人员，对其予以经济上的支持，2002年11月1日国务院同意教育部关于“简化对自费出国留学人员审批手续”的意见，决定不再对具有大学以上学历的自费出国留学人员收取高等教育培养费，废止了长达12年收取培养费的规定。教育部随后印发了《关于简化大专以上学历人员自费出国留学审批事项的通知》，从全国范围内对自费出国留学人员收取高等教育培养费作出详细安排，不再对上述人员进行“自费出国留学资格审核”工作，不再要求上述人员向各地出入境管理机关提交“自费出国留学资格审核证明信”。

上述文件内容标志着自费出国留学政策的彻底放开，自费出国留学政策历经十多年的调整和改革，最终以国务院文件的形式宣告中国自费留学资格审批制度的彻底终结，为今后自费出国留学服务工作的开展提供政策依据，为中国经济快速发展提供强劲的人才动能，至此出国留学进入主要以自费留学为主的新时期。

3. 科学发展期（2002—2012 年）：以人为本、统筹兼顾，切实维护留学生权益

进入 21 世纪，伴随着中国加入世界贸易组织，中国的改革开放步入新的阶段。以胡锦涛同志为主要代表的中国共产党人提出了以人为本、全面协调可持续发展的科学发展观。留学服务工作认真贯彻科学发展观，更加注重对留学生的服务和保障，各项工作的协调性可持续性明显增强。

（1）对自费留学中介市场的规范和监管

20 世纪 90 年代国家对外开放的程度不断加大，对自费出国留学的限制逐渐放宽，中国公民自费出国留学的活动逐渐增多，对申请和办理流程不了解、办理程序复杂、经验不足等问题成为当时办理自费出国留学的棘手问题。此时为自费出国留学人员提供综合性服务的中介市场逐渐形成。但此时的中介市场运营数量有限且不成规模。其中一部分中介运营机构存在违法违规、坑蒙拐骗的现象。因此，公众要求规范留学中介行业的呼声越来越高，呼吁政府不断深化改革政策管理机构，出台政策规范中介机构的行为。为进一步贯彻落实“支持留学”的政策方针，加强对自费出国留学中介服务机构的管理和指导，

1999年6月17日教育部联合公安部和原国家工商总局印发《关于发布〈自费出国留学中介服务管理规定〉的通知》，对中介机构的基本定性、申办条件、审批程序与服务范围等进行规范，详细阐述中介机构的申办、运营、备用金使用、监督管理。上述文件为规范自费出国留学中介机构形成有序规范的市场奠定了政策基础，一定程度上规范了我国自费留学中介市场，合法合规的中介机构不断增加并初具规模，基本能够满足当时自费留学出国人员的需求。为了加强对自费出国留学市场的清理整顿，查处违法中介机构，教育部国际司和公安部出入境管理局还印发了《关于暂缓受理、审批自费出国留学机构的通知》，暂缓受理审批新的机构，工作重点是整顿中介市场，取缔非法机构，保障自费出国留学人员不受利益侵害。2002年10月25日教育部、公安部和原国家工商总局联合印发了《关于进一步规范自费出国留学中介活动秩序的通知》，要求各地严格把好自费出国留学中介市场准入关，严格审核境外机构资质情况，责成留学中介机构完善内部管理规章制度，加强对留学中介机构留学业务广告的监管，建立社会举报渠道，对留学中介机构开展一次全面检查。

虽然各级政府采取了一系列措施整治乱象，但自费留学服务中的违规现象仍屡禁不止，群众反映强烈。2003年在以往整治工作的基础上进一步加大了清理规范的力度，这一年也被称作自费留学服务机构“规范年”。为了进一步加大对自费留学中介服务机构的监管力度，加大对违规中介的查处力度，遏制中介市场乱象，教育部于2002年开始逐步完善教育涉外监管机制与机构，对留学中介组织进行动态监管，组建留学中介行业协会。2003年6月正式运行“教育涉外服务和监督信息网”，运用信息化平台对各类教育涉外活动实施行政监管，指导各级教育部门查处违规机构，建立案例与信息库，掌握和跟踪教育涉外市场新情况，涉及出国考试、国际教育展览、中外合作办学、学历学位认证等领域。

新设立的“教育涉外服务和监督信息网”在规范自费留学中介市场中发挥了重要作用。为了帮助自费留学人员选择国外适宜的学校，教育部从2003年6月至2008年2月，通过网站首次公布了美国、英国等10个国家的部分高校名录，2003年10月公布了日本、新加坡等11个国家的部分高校名录。其后又公布了意大利等12个国家的部分高校名录。涉及1.5万所高校，基本覆盖自费出国留学人员主要留学目的国。同期该网还先后发布了《留学预警》，对自费留学活动已经出现的不良案件进行简单分析，主要涉及国外院校自治、违规中介机构情况、出境留学人身安全等情况，警示各方注意规避。对遏制违法中介欺骗家长和学生的行为、扩大自费留学人员的选择面发挥了积极作用。

接下来的2004年被称作留学中介机构“质量年”。为保护自费留学中介机构和自费出国留学人员的双方权益，支持自费留学活动持续健康发展，2004年3月26日教育部和原国家工商总局发布了《关于印发〈自费出国留学中介服务委托合同〉（示范文本）》，通过规范文本明确双方的权责义务，避免因合同少款漏项、意思表达不真实、不确切导致留学人员上当受骗的情况，同时也促进了自费留学中介市场的规范和自律，遏制了非法自费出国留学中介活动，一定程度上提高了留学中介的透明度和公信力。

2004年10月开始，经历相关政府部门对留学中介机构的整顿之后，教育部国际司对留学中介开始推行“控制规模、扶强扶优、特色经营”的指导思想，留学中介机构跨区域经营的限制完全取消，留学中介活动步入相对稳定的时期，留学中介获得了广阔的发展空间，一些优质的留学中介机构迈出向更大地区发展的步伐。

在政府通过规范性措施保证自费留学中介市场健康发展时，一些地方性行业协会和社团组织的成立也促进了行业的规范和发展。2004年12月，北京市留学中介行业协会正式成立，通过成立行业协会加强行业自律，其后全国各地留学中介协会相继成立。2007年夏季，中国教育发展战略学会下设教育中介机构工作委员会，这是在民政部审核注册登记的全国教育中介服务社团组织，主要致力于教育中介活动的调研、咨询、协调、沟通、维权、审核、评估等事务，为出国留学中介机构的规范化、常态化有序健康发展提供助力。

（2）“三个一流”的选派政策和国家建设高水平大学公派研究生项目的推行

进入21世纪，国家公派留学陆续出台了一系列新的政策措施，在不断扩大选派规模的同时，大幅度增加资助额度，将原有标准平均提高了44%，新标准接近甚至超过当时国外的奖学金水平。不断调整选派结构，逐年增加攻读研究生，主要是博士生或博士后研究人员的数量和规模。充分发挥国家留学基金效益，确定重点支持的七大领域。对留学人员类别进行调整，设立“高级研究学者”。

为了落实国家“科教兴国”和“人才强国”战略，2003年7月16日，教育部提出了“三个一流”的选派办法，即“选拔国内一流的学生，派到（海外）一流的大学和学科专业，师从一流的导师”，逐步建立起“机制合理、渠道多样、规模扩大、层次提高”的工作格局。为了落实“三个一流”的理念，根据建设高水平大学和重点学科的需要，2007 年由教育部设立、国家留学基金管理委员会负责，实施了“国家建设高水平大学公派研究生项目”。这一项目旨在培养具有自主创新能力和国际视野的拔尖创新人才，填补我国前沿学科及空白学科的人才缺口，打造国际人才培养及交流平台，建立国内外稳定持久的学术交流渠道，追踪国际发展前沿，使部分科研团队及学科专业达到世界先进水平。该项目执行十年来，培养了大量高素质人才，已成为国家公派留学项目中普及率最高的重点项目。

该项目计划 2007—2011 年每年选派 5000 名研究生出国留学，其中博士研究生 2500 人，联合培养博士生 2500 人，重点支持专业为能源、环境、资源、农业等关键领域和新材料、空间等战略领域以及人文及应用社会科学。采取“个人申请、单位推荐、专家评审、平等竞争、择优录取”的方式进行选拔，选拔对象主要为高等院校在读全日制优秀学生，重点依靠“985 工程”“211 工程”建设高校进行选拔。依托高校创新团队、基地和平台、重大科研项目以及博士生导师与国外高水平教育机构的合作渠道派出，利用教育部、留学基金委与国外大学合作项目渠道派出。留学人员与留学基金委签订《资助出国留学协议书》，交存保证金后派出。派出学校设立专门机构和人员负责留学人员的国外管理工作，创造有利条件吸引留学人员回国服务。

2007 年是项目实行的第一年，项目试运行取得了预期效果。2007 年该项目共录取 3952 人，其中联合培养博士研究生 3549 人，攻读博士学位研究生 403 人。留学涉及 34 个国家，主要集中在美国、英国、德国、加拿大、日本等教育、科技发达的国家。留学专业属于《国家中长期科技发展规划纲要（2006—2020）》确定的重点领域、前沿技术、基础研究的录取人员 3135 人，人文及应用社会科学约占 16%，来自“985”工程的录取人员 3283 人，占项目总录取人数的 83%。留学院校大多数为世界知名大学和研究机构，导师多数是本领域的权威学者。截至 2009 年 7 月，该项目共计录取 13570 人，基本符合项目预期，已成为中国高校与国外大学和科研机构加深合作的重要渠道。

在项目实施的过程中培养了一批高水平的教学科研人员。以北京师范大学公派联合培养为例，截至 2011 年 7 月，北京师范大学公派联合培养并获得博士学位的 196 人中，留本校任教的有 31 人，到其他高校、科研院所工作的有 138 人，公派攻读博士学位学成归国的 7 人全部到高校从事教学科研工作。一大批在国外一流大学、一流学科，师从一流导师学习，接触本学科发展最前沿，掌握了先进研究方法，具备国际学术视野和较强自主研究能力的高水平项目参与者毕业后，选择到高校或其他科研机构工作，为这些单位培养学术领军人才、学科带头人等高层次创新人才奠定了基础。

（3）留学回国相关管理及服务工作的进一步完善

随着形势发展，尤其是自费留学人员的逐年增多，公派留学逐渐由增量到提质，相应的对留学回国相关管理及服务工作提出了更高的要求，留学服务工作也必须与时俱进、科学发展，才能更好地服务留学回国人员，为我国实现科教兴国、人才强国战略提供有力支撑。在这种背景下，我国有关部门高度重视留学回国相关管理和服务工作，通过一系列政策文件从制度上保证工作的顺利开展。2003 年 12 月 26 日，中共中央、国务院印发了《关于进一步加强人才工作的决定》。2005 年 3 月 22 日，原人事部、教育部、科技部和财政部联合制定并印发《关于在留学人才引进工作中界定海外高层次留学人才的指导意见》，规定了海外高层次留学人才的人员范围、界定原则、基本要求、界定条件等，更好为高层次留学人才提供服务。2006 年 11 月 15 日，原人事部印发了《留学人员回国工作“十一五”规划》，提出了要在 5 年内“使留学回国人员新增数达到 15 万—20 万，争取吸引留学人员回国服务 20 万人次”的目标，从人事工作的角度对争取留学人员回国提出要求。

国家进一步加强对留学回国人才尤其是海外高层次留学回国人才的服务工作，为其提供各种便利措施。2007 年 2 月 15 日，原人事部、教育部等 16 个部委联合印发《关于建立海外高层次留学人才回国工作绿色通道的意见》，提出要把吸引海外高层次人才作为开展留学人员回国服务事务的重中之重，进一步提供便利条件，对高层次留学人才回国工作在出入境、居留以及配偶就业和子女就学方面提供便利和适当照顾。此外，在涉及高层次留学人才回国工作的报酬、申报项目、职称和职业资格等方面作出新的调整和突破，为上述内容提供多种优惠条件和一系列便利条件。

2007 年 3 月 2 日，教育部印发《关于进一步加强引进海外优秀留学人才工作的若干意见》。提出“建立海外留学人才回国工作的快速通道”，进一步提高服务质量和服务效率。虽然与上述文件措辞不同，但是同时都体现出对海外高层次人才的重视程度，从绿色通道到快速通道，表现出我国教育部门高效的管理能力和执行力，有利于为海外高层次留学人才更加便捷地办理手续，使他们尽快投入到为祖国贡献力量的大潮之中。

4. 新时代发展期（2012 年至今）：发挥作用、聚天下英才而用之，凝聚民族复兴强大力量

2012 年，具有划时代意义的党的十八大胜利召开。党的十八大以来，以习近平同志为核心的党中央高度重视留学工作，多次作出重要指示，作出系列重要决策部署。我国留学工作认真贯彻落实习近平新时代中国特色社会主义思想，落实习近平总书记关于教育、留学和人才工作的重要讲话精神，锐意进取，开拓创新，各项工作取得了新发展。

（1）“中国梦”与“支持留学、鼓励回国、来去自由、发挥作用”方针的提出

2013 年 3 月 17 日，在十二届全国人大一次会议闭幕会上，习近平总书记当选国家主席并发表重要讲话时，明确提出了实现中华民族伟大复兴的中国梦。中华民族伟大复兴的中国梦，既是全体人民的共同梦想，也为留学人员提出了奋斗目标，激励着留学人员回国报效祖国。同年 10 月 21 日，习近平总书记在欧美同学会成立 100 周年庆祝大会上发表讲话时，提出了“支持留学、鼓励回国、来去自由、发挥作用”的方针。这一方针较之 1993 年 11 月召开的党的十四届三中全会通过的《中共中央关于建立社会主义市场经济体制若干问题的决定》中提出的“支持留学、鼓励回国、来去自由”十二字方针，增加了“发挥作用”四个字，突出了留学工作的归结点和关键点，为留学工作画龙点睛。习近平总书记提出的这一方针，高度把握新时代留学

工作的新问题、新矛盾、新趋向，将留学工作的重点放在让留学人员发挥作用、提升留学工作效益上，以适应社会发展，推动经济增长，维护国家安全，拓展民族利益。“发挥作用”是留学工作追求的根本价值取向，也是衡量留学工作效益的基本评判标准。按照习近平总书记这一思想，除了坚持“支持留学、鼓励回国、来去自由”外，留学工作更要突出和强调“发挥作用”，与中国梦的壮阔奋斗相互促进，融为一体。

2015年5月在中央统战工作会议上，习近平总书记又提出要把留学人员当作统战工作新的着力点。他强调，留学人员是人才队伍的重要组成部分，也是统战工作新的着力点。要坚持“支持留学、鼓励回国、来去自由、发挥作用”的方针，鼓励留学人员回国工作或以多种形式为国服务。留学人员在统战工作中的地位和作用，在同年印发的《中国共产党统一战线工作条例（试行）》（以下简称《统战条例》）中得以体现，出国和归国留学人员被列为十二类统一战线工作范围和对象之一，“坚持广泛团结、热情服务、积极引导、发挥作用的方针，做好出国和归国留学人员统一战线工作”被写进第十八条。习近平总书记把留学人员划为统战工作新的着力点，《统战条例》把留学人员列为统战工作范围和对象，引发统战工作界热议，业内人士在求是网发文，呼吁充分发挥包括留学人员在内的党外知识分子在实现中国梦中的主力军作用。留学人员在新的历史条件下，被以“主力军”的标签纳入实现中国梦的浩荡队伍之中。

2016年2月，习近平总书记对加快留学事业发展、提高留学教育质量提出新的要求。根据习近平总书记的部署，中共中央办公厅、国务院办公厅印发《关于做好新时期教育对外开放工作的若干意见》（以下简称《意见》），强调要坚持扩大开放，做强中国教育，推进人文交流，不断提升我国教育质量、国家软实力和国际影响力，为实现“两个一百年”奋斗目标和中华民族伟大复兴的中国梦提供有力支撑。《意见》关于留学工作的目标提出，到2020年，我国出国留学服务体系基本健全，来华留学质量显著提高。2016年7月，教育部印发《推进共建“一带一路”教育行动》，提出实施“丝绸之路”留学推进计划，提出将以国家公派留学为引领，未来三年，每年面向沿线国家公派留学生2500人，并在沿线国家之间实现学分互认、学位互授联授，鼓励沿线各国高等学校联合培养学生，推动联盟内或校际教育资源共享。完善全链条留学人员管理服务体系，保障平安留学、健康留学、成功留学。

在党的留学方针指引下，教育部留学服务中心坚持“为留学人员服务，为留学工作服务”，坚持以国家利益为一切服务的出发点和落脚点，着力提供内容丰富、形式多样的服务产品和服务项目，着力维护留学人员的基本权益，让广大留学人员共享发展成果，扎扎实实推进各项服务工作，不断增强服务意识，着力提高服务水平和服务质量，留学服务事业不断开拓新的局面。

（2）聚焦国家战略下的公派留学生机制创新

党的十八大以来，公派留学的一个显著特点是更加注重聚焦国家大战略。如为配合国家发展战略、教育领域综合改革，填补特定专业领域人才培养空白，培养更多创新型、紧缺型、复合型国际化人才，2014年，国家留学基金委设立并实施了创新型人才国际合作培养项目。创新项目面向全国普通高等院校及科研机构，致力于选拔一批以创新型培养模式和培养创新型人才为目标的国际合作项目。项目采取答辩的形式进行评审，由国家留学基金委确定资助项目，再由项目单位进行人员选拔，人员依托项目派出。获批项目执行期为 3 年，3 年后经申请并通过复核，可继续执行 3 年。

这种选派办法，打破了以往以个人留学需求为主的模式，重点支持中外高校间的人才培养合作，为项目单位的学科建设发展及人才储备提供更加自主、连贯、规模化的国际平台。创新项目实施三年来，共有 191 个项目获得资助。2018 年共有 29 个新申报项目和 19 个执行到期项目获得资助。目前执行中的项目有 165 个，涉及“985”高校 81 项、“211”高校 57 项、省属高校 17 项、科研机构等 10 项。项目外方合作单位来自美国、英国、德国、澳大利亚等 47 个国家的 252 所国际一流院校、科研机构或国际组织，包括哈佛大学、加州理工学院、牛津大学、剑桥大学、联合国新闻部等。

与此同时，公派留学服务在“简”与“减”上迈出了新步伐。为进一步做好国家公派出国留学人员的派出管理工作，提高工作效率，更好地服务广大留学人员，国家留学基金委自 2013 年 11 月 1 日起调整优化国家公派出国留学人员办理派出手续流程，通过国家公派留学管理信息平台为留学人员办理开具“同意办理派出手续的函”、审核“资助出国留学协议书”、交存出国留学保证金手续。比如，需国家留学基金委开具同意派出函的留学人员，可以登录国家公派留学管理信息平台按要求上传及填写相应材料，提交国家留学基金委审核。留学人员可通过信息平台查询办理情况，国家留学基金委不再出具纸质

“同意派出函”。留学人员将公证后的“资助出国留学协议书”以面交或邮寄的形式直接提交国家留学基金委审核，不再需要留学管理中心代收。审核情况在信息平台公布。留学人员按规定交存出国留学保证金后，国家留学基金委将为留学人员开具“国家留学基金管理委员会保证金收款证明”，通过银行汇款的留学人员，汇款凭证可面交或传真至国家留学基金委审核，留学管理中心不再代验。2016 年 7 月，教育部取消了一批部机关和直属事业单位相关事项的证明，其中 8 项与留学人员相关。比如，在国家公派出国留学人员申请延期回国手续中，取消公派出国留学人员的存款证明；在境外学历学位认证中，国外院校成绩单不再作为必须材料。

（3）加强行前培训与平安留学保障措施的深入实施

2013 年以来，随着留学人员规模不断增加，留学人员结构多样化，留学低龄化现象明显，各类侵害留学人员安全的事件时有发生，有些案件甚至危害生命财产安全，引起社会强烈关注。为此，国家更加注重留学人员安全，更加强调建立在外留学人员安全保护工作预防和处置体系，全力为海外留学生保驾护航。2014 年，在全国留学工作会议上，国务院时任副总理刘延东同志提出要加强对自费出国留学的政策引导，努力为自费留学人员提供更多、更好的服务，维护好他们的合法权益。2016 年，中共中央办公厅、国务院办公厅印发了《关于做好新时期教育对外开放工作的若干意见》，把留学作为六大重点工作之一，要求“完善全链条留学人员管理服务体系，优化出国留学服务”。除了国家的政策文件和指示意见以外，国家还实施了许多办法和措施保证海外学子的安全。借助教育部平安留学行前培训、驻外使领馆教育处（组）的力量推行“领保进校园”活动，外交部开通12308领保热线，紧跟互联网形式，借助新媒体平台开设微信、微博账号发布预警信息，推送领保知识。2016年驻日本福冈总领馆租用巴士从日本熊本县地震灾区撤出了百余名留学生，驻意大利使馆专程看望地震灾区的百余名留学生，驻以色列使馆紧急撤离受火灾威胁的留学生。

为了使出国留学人员提前了解国外基本情况，对未来可能遇到的风险进行规避，教育部留学服务中心受教育部国际司委托开展出国留学行前培训工作。2013年行前培训工作实现对国家公派人员出国留学全覆盖，首次尝试开展自费留学人员安全培训。同时，出国留学行前培训更加丰富和扎实，充实了中国公民海外领事保护相关内容、海外安保常识、安全防卫技能培训等。行前培训服务通过线上与线下、实景培训、团组集训等模式相结合贯穿全年，现场行前培训的方式是专家走进地方和高校，面对面进行授课、答疑、解惑；网络培训方式是依托网络平台，将对留学人员有帮助的培训课件、案例、视频发布到网上，让留学人员利用碎片化时间随时随地按需培训。此外，教育部留学服务中心还采取“请进来”方式为赴高危地区公派留学人员安排实景模拟培训，借助派出高峰期针对国家公派人员团组项目人员进行集训，以派出促培训，以培训保派出。

除了出国前的预防工作，对出国留学人员的宣传服务工作也更加到位。2018开展了“平安留学伴你行”宣传推广活动，集中展示了“平安留学”行前培训10年工作、“平安留学”案例及《中国留学人员守则》等，并现场免费发放“平安留学”10周年专刊、《“平安留学”2018》安保手册及《留学漫画小贴士》等刊物。安全服务还增加了互动演练形式。来自北京航空航天大学及专业公共安全培训机构的安保教官现场与参会学生进行互动演练演示，内容覆盖防恐防爆、心肺复苏、防火逃生、人身防护、旅行安全等。来自北京大学和清华大学心理支持体系的心理专家还为准留学人员提供了现场免费留学适应力测评以及咨询服务。

（4）留学工作三年行动计划与本土人才、海归人才“并用并重”

党的十八大以来，留学服务工作更加突出发挥留学人员人才作用。2014 年 12 月 12 日至 13 日，全国留学工作会议在北京召开。习近平总书记对此次会议作出重要指示。他强调，在新形势下，留学工作要适应国家发展大势及党和国家工作大局，统筹谋划出国留学和来华留学，综合运用国际国内两种资源，培养造就更多优秀人才，努力开创留学工作新局面，为实现“两个一百年”奋斗目标、实现中华民族伟大复兴的中国梦不断作出新的更大的贡献。这次重要指示，习近平总书记对留学工作作出了适应“大势”和“大局”的新判断，提出了统筹谋划“出国留学”和“来华留学”的新理念新思想新战略，强化了综合运用“两种资源”的新要求，明确了开创“新局面”的新目标，提出了要为实现“两个一百年”奋斗目标和中华民族伟大复兴的中国梦作出新的更大的贡献。这次会议是在党的十八大以后留学工作的重要时间节点召开的一次重要会议，是新中国历史上首次全国留学工作会议，在我国留学工作史上具有重要意义。习近平总书记作出的统筹谋划出国留学和来华留学、综合运用国际国内两种资源等重要指示，是新时代我国留学工作的重大战略决策。

这次会议之后，为贯彻习近平总书记对留学工作的重要指示，教育部等五部门印发《2015—2017年留学工作行动计划》(以下简称《计划》)，提出了2015—2017年全面做好全国出国留学和来华留学工作的“三大目标”：出国留学效益显著提高、打造来华留学国际品牌、留学治理体系更加完善。《计划》提出的留学工作主要任务是：培养国家战略和重点行业发展急需人才，推进公派出国留学内涵发展，推动来华留学持续健康发展，引导自费出国留学有序发展，为留学人员回国和发挥作用提供服务，切实推进安全教育平安留学，引导在外留学人员团体健康发展，加强国家留学信息资源整合利用。《计划》的特点是要配合国家战略和重点行业发展急需的“五类人才”培养：一是加快外语非通用语种人才培养，二是加强国际组织人才培养，三是加强国别和区域研究人才培养，四是加强拔尖创新人才培养，五是加强来华青年杰出人才培养。这些都是落实习近平总书记对全国留学工作会议重要指示精神的新举措。

2016年3月，新华社公布了中共中央印发的《关于深化人才发展体制机制改革的意见》(以下简称《意见》)。在“构建具有国际竞争力的引才用才机制”部分，《意见》提出了完善海外人才引进方式的目标，明确要实行更积极、更开放、更有效的人才引进政策，更大力度实施海外高层次人才引进计划。5月，习近平总书记就此作出重要指示，强调综合国力竞争说到底是人才竞争。要加大改革落实工作力度，把《关于深化人才发展体制机制改革的意见》落到实处，加快构建具有全球竞争力的人才制度体系，聚天下英才而用之，激励广大人才为实现“两个一百年”奋斗目标、实现中华民族伟大复兴的中国梦贡献聪明才智。以习近平同志为核心的党中央明确提出“聚天下英才而用之”的战略目标，不拘一格招才引智，为海外人才创新创业提供了更广阔的舞台和空间。越来越多的海外学子，在“大磁场”的强大引力下纷纷归国，投身到这场伟大的民族复兴洪流，弄潮其中，风光无限。

2018 年 3 月 7 日，习近平总书记在参加十三届全国人大一次会议广东代表团审议时，在听了十年前归国创业的袁玉宇代表的发言之后，习近平总书记强调本土人才、海归人才要“并用并重”。在党的十九大后的开局之年，习近平总书记在全国两会上参加广东代表团审议时的这次重要讲话，内容丰富，信息量大。针对海归代表发言的这段讲话，透露出习近平总书记对留学工作和人才工作的新关切、新思考、新论断，即重视和处理好“两个关系”，既要重视人才与发展、创新的关系，也要处理好本土人才与海归人才的关系，为如何让海归人才更好地发挥作用指明了方向。

2018 年以来，留学服务中心认真贯彻落实习近平新时代中国特色社会主义思想，更加注重发挥留学人才作用，推进留学治理体系建设。通过吸引高层次海外留学人员回国就业创业，鼓励留学人员以各种形式为国服务；为回国就业、创业的留学人员提供方便快捷的学历认证、安置服务等有力举措，加快建设更加科学合理高效的留学服务体系，让留学人员在外有报国之门、回国有用武之地，为落实党和国家创新驱动发展战略和人才强国战略不断作出新贡献。

（二）改革开放40年留学服务工作典型分析

1.激励留学人才报效祖国的有力抓手："春晖杯"中国留学人员创新创业大赛

为吸引留学人员回国发展和为国服务，2006年，在"春晖计划"实施十周年之际，教育部留学服务中心与科技部火炬中心共同发起举办了"春晖杯"中国留学人员创新创业大赛。这一大赛，宗旨是鼓励海外留学人员积极申报创新创业项目，创造条件支持参赛者与国内留学人员创业园、大学科技园、高新区及各地人才引进单位开展对接，推动留学人员回国创办高新技术企业。举办创业大赛，符合国家自主创新战略的需要，符合留学人员顺利走上创业成功之路的需要，符合留学人员创业园孵化优秀项目的需要。

发起举办"春晖杯"创业大赛，教育部留学服务中心和主办协办单位通过整合社会资源，全力做好创业大赛启动、报名、评审、复审、培训、辅导、项目对接、颁奖等各项工作，为留学人员回国创业提供系统的、全面的"一条龙"服务。"春晖杯"依托留学服务中心的中国留学网，为创业大赛提供支持和保障。从参赛条件看，大赛要求报名参赛者为目前在外学习或工作（有海外学习经历）的中国留学人员，需具有学士及以上学位且拥有回国创新创业项目。每位参赛留学人员限报一个项目。大赛不再接收往届入围者报名参赛。参赛的形式分为个人和团队。参赛项目应符合国家产业政策、有较高创新水平和较强市场竞争力、有较好的潜在经济效益和社会效益、易于形成新兴产业的高新技术成果。大赛通过在线报名和提交项目书/商业计划书后，由来自全国各地的留学人员创业园、风险投资机构及留学人员企业三方面的专家进行项目评审，评审结果公布后入围项目将在大赛网站上进行公示。公示期过后，确定无异议的入围者的名单将通知留学人员各自所属馆区的中国驻外使（领）馆教育处（组）。此后，还要推进项目对接、洽谈、颁奖等阶段工作。

大赛举办以来亮点纷呈、成效卓著。2006 年 7 月 17 日，首届“春晖杯”创业大赛由教育部留学服务中心、科技部火炬中心、中国留学人员广州科技交流会组委会办公室、威海经济技术开发区联合主办并正式启动，共受理了 201 个参赛项目，其中 163 个项目入围。入围者中有 27 人获一等奖，61 人获二等奖，49 人获优秀奖，另有 26 个驻外使（领）馆教育处（组）和 15 个留学人员专业社团、联谊会获得组织奖。2007 年 7 月 9 日，教育部、科技部、辽宁省和大连市共同举办第二届“春晖杯”中国留学人员创新创业大赛启动仪式和“春晖杯”创新创业基地授牌仪式。教育部留学服务中心也正式启用了中国留学人员远程视频招聘暨项目洽谈系统，为留学人员回国创业、就业开辟了网上对接平台。此外，教育部留学服务中心和科技部火炬中心还在创业周期间举办了“春晖杯”留学人员回国创业环境展。此次比赛共受理 230 个参赛项目，其中 170 个项目入围。12 月下旬“春晖计划”资助项目入围的留学人员集聚广州，与投资机构、留学人员创业园、企业等洽谈项目，并获得优先孵化机会。此外，“春晖杯”大赛创新组织方式，积极借助国内各种大型项目交流平台推广参赛项目，如在中国留学人员广州科技交流会、中国海外学子辽宁（大连）创业周以及北京科技产业博览会留学人员科技交流会等活动上，组织“春晖杯”创业大赛的入围者广泛地同创业园、企业、投资机构以及行业协会等机构进行交流、对接。第八届“春晖杯”创业大赛在美国旧金山设立了分赛区，分赛区参赛项目120个。第九届“春晖杯”创业大赛在海外增设纽约赛区。第十届“春晖杯”创业大赛在北美（美国、加拿大）和法国设立海外分赛区。第十一届“春晖杯”中国留学人员创新创业大赛在有关驻外使(领)馆教育处(组)的支持和推动下，设立了北美、法国、德国及澳大利亚墨尔本分赛区。2018年举办的第十三届“春晖杯”中国留学人员创新创业大赛新增了澳大利亚悉尼分赛区、日本分赛区和新加坡分赛区。

在国内众多协办单位的积极配合下，在广大海外留学人员的广泛参与下，“春晖杯”创新创业大赛已连续成功举办12届，初步形成从项目汇聚、项目完善、项目遴选、项目对接到项目孵化的全链条服务体系，社会影响力和品牌感召力不断提升。截至2017年，“春晖杯”大赛共汇聚来自20多个国家和地区符合受理条件的留学人员创新创业项目3344个，遴选优秀项目2241个，有435名留学人员通过大赛顺利走上回国创新创业的道路。如按每个项目团队包含3个海外人才的标准估算，大赛累计吸引海外创新创业人才达到近万人。“春晖杯”大赛已成为吸引广大海外莘莘学子报效祖国、回国创业的重要载体，成为有效激发社会各界热心关注和参与，以及疏通融资投资渠道、促成留学人员的项目对接与孵化的重要手段。

2. 让留学生创业激情找到释放的舞台：留学生创业服务园

留学人员创业园是在中国改革开放背景之下，专门面向海外留学人员回国创业而建立的一种孵化服务载体。自1994年首家留创园——南京金陵海外学子科技工业园诞生以来，截至2017年底，全国留学人员创业园351个，比2016年增加4家，其中省部共建创业园49家，入园企业2.3万余家，8.6万名留学回国人员在园创业，比2016年增加0.7万人。2017年技工贸总收入3227亿元，比2016年增加736亿元。20余年来，留学人员创业园充分发挥出汇聚人才、整合资源、有效配置、集成服务的优势，为创新创业营造良好环境，加速科技成果转化和企业市场化进程，培育出了如奥瑞金种业、安博教育、软通动力、展讯通信、迅雷等一批具有行业驱动力和全球竞争力的留学人员企业，在国家创新体系建设和战略性新兴产业发展中发挥出了重要作用，同时有力带动了地方产业结构升级和区域经济繁荣发展。

在20多年的发展历程中，各地涌现出了一批成绩卓著的留学人员创业园区。如北京首家创业园——海淀创业园成立于1997年10月，是北京市人力资源和社会保障局（原北京市人事局）与中关村科技园区海淀园创业服务中心共同创办的，后成为国家人力资源和社会保障部（原国家人事部）与北京市人民政府共建单位，是科技部、人社部、教育部、外专局确定的国家留学人员创业园示范建设试点单位。海淀创业园坐落于中关村科技园区上地信息产业基地，紧邻清华、北大、中国科学院等全国最高学府和研究机构，始终把“针对特殊人群，培育明星企业和优秀企业家”作为园区发展宗旨，已经形成“一个中心、三个平台、六项服务”的完整孵化服务体系，即围绕海淀园创业服务中心，构建企业孵化平台、科技条件平台、创业导师平台，以推进对企业的创业辅导、人才引进、企业融资、成果转化、股权投资、产业促进六项服务，促进创业者向企业家的转变，助力科技成果快速转化。海淀创业园下设四大孵化基地，分别是金种子创业谷、留学人员创业园、留学人员发展园、中关村生物医药园。多年来海淀创业园培育出了如启明星辰、土人景观等众多的明星企业，为区域经济增长作出了重要的贡献。20年来，海淀创业园累计孵化企业2000余家，留学人员创办企业1200余家，孵化上市企业23家，园内企业股权融资总额达60多亿元。

广东唯一的国家级留学人员创业园——留学人员广州创业园也取得了骄人成绩。该园成立于1999年，位于广州科学城，是科技部、教育部、原人事部和外国专家局联合认定的国家留学人员创业园建设示范点，与教育部、科技部合作共建，由广州火炬高新技术创业服务中心（以下简称“广州火炬中心”）负责管理与服务。被誉为“智力广交会”的中国留学人员广州科技交流会，由留学人员广州创业园发起并协办。留学人员广州创业园已建成了广州科技创新基地园区、广州科学城综合研发孵化区园区、广州开发区西区园区、广州国际企业孵化器园区、广东软件科学园园区、科学城信息大厦园区六个园区，形成了资源互补、配套齐全的孵化网络，重点引进电子信息、生物医药、新材料等领域的留学人员企业。经过多年发展，留学人员广州创业园形成了独特的留学人员创业文化与创业氛围，吸引了一大批来自欧美的归国留学人员落户创业，成功孵化了一大批归国留学人员科技企业。

此外，青岛、深圳等地的留创园也取得了丰硕成果。

3. 出国留学的一面镜子：中国国际教育巡回展暨中国留学论坛

为配合政府引导自费留学，减少留学盲目性，教育部留学服务中心自1991年至1998年先后组织了五届日本留学说明会，每届有50

多所高校参展；七届澳大利亚教育展，每届有70多所高校参展；四次美国教育咨询培训会。1999年起，经教育部同意，教育部留学服务中心开始每年在全国各主要大中城市举办中国国际教育巡回展，2004年，该展览时间定为每年的春季。

中国国际教育巡回展是以留学为主要内容的大型国际教育展览展示，秉承“服务全球学子，成就国际人才”的宗旨和理念，留学服务中心通过教育巡回展积极宣传国家的留学政策和配套服务，为大众提供最权威、最准确、最直接的留学信息，为促进中外高等院校及教育机构的交流搭建合作平台，为引进国外优质教育资源开辟渠道。教育展每年都会吸引来自全球30多个国家和地区的500所高校参展。截至2018年，教育展分别在北京、上海、广州、重庆、西安、深圳、青岛等20多个城市成功举办，共有来自30多个国家和地区的1500多所院校和教育机构参展，参观人数累计近百万。

为确保展会质量，保障留学人员的合法权益，教育部留学服务中心结合自身资源，采取了严格筛查参展商资质，确保其具有招收海外学生资格等举措，积极吸引境外优质教育资源，为学生和家长提供了公平了解境外教育资源的平台，并力求使教育巡回展本身成为教育涉外监管信息工作体系中的一项重要活动。同时，在展会上，教育部留学服务中心还利用自身的资源优势，就每个留学生可能遇到的问题，如国（境）外学历学位认证、留学回国就业落户以及档案的存放等提供咨询服务。

为丰富展会内容，2004年以来，教育部留学服务中心在教育展期间开始同期举办“留学工作与多元化人才培养论坛”，该论坛自2010

年起正式更名为“中国留学论坛”。中国留学论坛内容涵盖出国留学、来华留学、留学回国、中外合作办学及跨境教育质量保障等众多留学领域，旨在及时梳理国际教育领域与留学事业最新发展动态、发展趋势，分享国内外高校国际教育交流与合作的成功经验，探索创新型人才国际化培养模式，以及宣传国家留学政策，推动留学市场规范，引导公众理性留学。教育部国际司、政法司、教育发展研究中心、中国高教学会等单位的领导、国内外大学校长和多个国家的驻华使节及专业机构的负责人应邀在论坛发表演讲。该论坛现已成为促进政府、中外教育机构间直接对话与合作的重要平台。

4. 留学归国职业选择平台：留学英才招聘会

留学英才招聘会是由教育部留学服务中心举办，主要是为吸引高层次留学人才回国为国服务，搭建用人单位与留学人才双向选择交流服务平台。从 2012 年开始，每年举办春季和秋季两次留学回国人员招聘会，规模都比较大，签约率效果都比较好。

2018 年 3 月 24 日，教育部留学服务中心在北京亮马河大厦会议中心举办了“2018 春季留学英才招聘会暨高端人才洽谈会”，该品牌招聘会已连续举办了十二届，旨在为用人单位与留学回国人员搭建双向选择服务平台，贯彻落实习近平总书记提出的要“千方百计创造条件，使留学人员回到祖国有用武之地，留在国外有报国之门”的重要讲话精神。此次招聘会云集了全国范围内的 153 家用人单位，包括中央民族大学、中国日报社、中国石油、中国重型机械有限公司、中国城建集团、中国铁建国际集团、中国电信、北汽集团等高校、大型国有企事业单位，招商银行、民生银行等金融保险机构，北京外企人员总公司、西门子、丰田汽车等外资企业，搜狐、三星、爱立信等高科技企业，以及来自扬州市回国留学人员服务中心、淮安市人才中心、宁波市人才服务中心等京外人才机构。为留学人员提供了超过1000个就业岗位，行业涵盖了经济学、软件工程、电子信息科学与技术、法律及文化教育等多个领域。2300余名留学回国人员参加了此次招聘会。

为了让参会留学人员更加方便快捷地了解展会信息，招聘会通过“留学英才招聘会”的微信公众账号发布最新参展单位职位信息，留学人员还可通过“招聘会在线服务系统”提前搜索适合的工作岗位，更有针对性地与用人单位进行沟通和交流。为满足现场留学人员了解国家各项留学政策的需求，招聘会现场提供了国（境）外学历学位认证、档案存放、就业落户等相关业务的现场咨询服务，解决留学人员回国后遇到的各类问题。

（三）党的十八大以来留学服务的辉煌成就和卓越贡献

改革开放40年来，特别是党的十八大以来，留学服务工作坚持以习近平新时代中国特色社会主义思想为指引，深入学习贯彻落实习近平总书记关于留学工作的重要讲话精神，坚持“支持留学、鼓励回国、来去自由、发挥作用”的留学总方针，落实《关于做好新时期教育对外开放工作的若干意见》总体要求，自觉服务国家人才战略、创新战略，全面推进出国留学、留学回国、来华留学和国际交流等服务任务，各项事业发展取得历史性成就，呈现出蒸蒸日上的良好发展态势，书写了留学发展史上的奇迹。

1. 开拓奋进：留学服务不断改革创新、日臻完善

（1）统筹做好公派留学和自费留学服务

改革开放以来，虽然我国出国留学服务首先是从公派做起，但随着形势的发展和社会的需要，逐步扩展至自费留学。教育部留学服务中心既做好公派留学服务，又把做好自费留学服务作为分内事。国家公派留学始终立足国家战略全局最重大最紧迫的需求来谋划，特别是在人才培养已形成“面上铺开”格局之后，强化“高端引领”，在若干关键领域形成“人才高地”。自改革开放以来留学服务中心共为赴113个国家和地区的28万多名各类公派留学人员办理了派出手续，培养了一大批具有国际视野和竞争能力的紧缺人才和战略后备人才。针对自费留学人员，一视同仁做好服务。一是举办中国国际教育巡回展。至今已在国内20多个城市成功举办22届，来自55个国家和地区的2000多所院校和教育机构先后参展，观众累计约145万人次，为社会公众找到心仪的留学学校提供了重要参考。二是面向社会公布国外正规院校名单。为了便于他们正确选择留学院校，根据教育部关于向社会推荐国外正规院校名单的指示，留学服务中心通过“教育涉外监管信息网”和“中国留学网”，共分4批向社会公布了44个国家1万多所大学和教育机构名单，并及时发布留学预警信息。同时，还对外提供自费留学信息咨询与国外院校资质确认服务。三是着力加强留学人员档案管理工作。为自费留学人员提供从办理出国手续、接收人事档案到回国后的学历学位认证、派遣落户等一条龙配套服务，让他们在出国前就感受到方便、温暖，解除后顾之忧。此项服务开设以来，共为20多万名出国留学人员和留学回国人员提供了人事档案存

档服务。四是规范留学中介。留学服务中心还成立了中国第一家自费留学中介机构，服务范围包括申请学校、代办签证、组织语言与行前培训、安排旅行、住宿接机，以及翻译、展览展示、教育信息咨询等，配合政府主管部门，为引导、规范留学市场，满足社会需求做了许多开创性工作。

国家无论对于公派留学还是自费留学，都十分注重安全服务，预防安全事故发生，保障学生学者权益。大力强化和推广“平安留学、健康留学、文明留学、成功留学”的理念，通过教育部在全国设立的36家“教育部出国留学培训与研究中心”，各地教育厅和高校采用线下、线上、实景、团组等多种培训形式，借助一套服务体系、一个网站、一个微信平台、一个视频播放系统、多系列教材、多学科专家团队以及联动工作机制，为16万余人提供现场培训，在线形式培训超过71万人次，培训遍及全国31个省、自治区、直辖市的36个城市，基本实现对国家公派出国留学人员的全覆盖目标，并逐步扩大对自费出国留学人员的覆盖率，得到广大出国留学人员及社会各界好评及认可。教育部还通过驻外使领馆开展多种形式的在外人员安全教育，建立“留学生之家”，举办“平安留学进校园”活动，让留学生深深感觉到，祖国就是他们的后盾，使馆就在他们身边。

伴随着国家对外交流的增加和留学服务的完善，我国出国留学规模不断扩大。2017年，我国出国留学人数首次突破60万大关，达60.84万人，同比增长11.74%，持续保持世界最大留学生生源国地位。改革开放40年来，各类出国留学人员累计已达519.49万人，目前有145.41万人正在国外进行相关阶段的学习和研究。我国出国留学人员目的地仍相对集中，多数前往欧美发达国家和地区求学。公派留学为引领、自费留学为主体的留学工作格局继续保持。国家公派出国留学2017年派出3.12万人，分赴94个国家。其中，访问学者1.28万人，占派出总数的41.17%，硕博研究生1.32万人，占42.29%，培养了一大批具有国际视野和竞争能力的紧缺人才和战略后备人才。从国别分布看，面向美国、英国、加拿大等教育发达国家人员约占国家公派人员总人数的90%，为持续学习借鉴世界教育科技强国发展经验提供了保障。从学科分布看，国家公派出国留学人员主要选择了国家发展建设急需的理、工、农、医等学科。2017年出国留学人员中，自费留学共54.13万人，占出国留学总人数的88.97%。“一带一路”国家成为新的增长点。2017年赴“一带一路”沿线国家留学人数为6.61万人，比上年增长15.7%，超过整体出国留学人员增速。其中国家公派3679人，涉及37个“一带一路”沿线国家。

（2）不断完善留学人员回国创新创业服务

国家派遣留学人员的根本目的，是为了博采各国之所长，加快人才培养和科技教育事业的发展，为我国的经济建设和社会发展服务。长期以来，国家留学工作总方针的核心和重点是鼓励回国。近年来，国家站在国际间争夺人才的战略高度，多措并举做好留学人才回国服务工作，掀起了留学人员回国潮。一是建立留学服务工作网络。在国家层面设立教育部留学服务中心，同时在上海、北京、天津、广州、江苏、浙江、青岛、烟台等省市设立分中心，并在纽约、旧金山、柏林等地先后成立海外分中心，一些高校、科研单位、公司企业也成为留学服务中心的网络成员单位，形成了一个以主要省市、沿海地区为主，逐步向内地和边远地区辐射的全国留学服务工作网络，增强了组织保障。二是促进就业供需信息对接。建设中国留学网以及依托于中国留学人才市场的中国留学英才网，推进二者有机结合，建成留学回国人才求职双向选择信息服务平台，充分满足了留学人员和国内单位的需要。党的十八大以来，中心共举办10届留学英才招聘会，全国共有近2000家高校、科研单位、企业、金融机构参会，为留学回国人员提供1万多个就职岗位，3万多留学回国人员参加应聘，共为7.2万多名留学回国人员办理了就业落户手续。每年通过中国留学网发布近百所高校招聘高层次人才信息。三是做好国（境）外学历学位认证服务。在留学人员回国择业双向选择的过程中，由于国内用人单位对国外的教育和学位制度缺乏了解，难以确认外国高等教育机构所颁发证书的真伪和学历层次，致使一些留学回国人员迟迟不能落实工作单位，或者虽已就职，但在工资待遇和职称评定等方面遇到很多麻烦。为了促进留学人员回国服务，保证其所获学历和学位证书得到合理承认，尽快落实工作单位并享受相应的待遇，针对社会的种种疑惑和需求，国家实行了国外学历学位认证制度，为留学回国人员就业和升学工作提供配套服务。通过认证工作，既帮助了留学人员及时落实工作单位，并得到合理待遇，又帮用人单位把了关，解决了留学工作中一个急迫的问题。截至2017年年底，已累计为116万人提供了国（境）外学历学位认证服务，认证的文凭证书涉及全世界125个国家和地区，1万余所院校。四是为充分发挥留学人员大众创业、万众创新生力军的作用，组织开展了“春晖杯”中国留学人员创新创业大赛。党的十八大以来5届“春晖杯”中国留学人员创新创业大赛，共收到来自30多个国家和地区符合受理条件的参赛项目1594个，经过专家评审和网上公示，最终确定1057个项目入围。为帮助入围项目在国内快速落地和孵化，组织入围项目的留学人员回国参加创业培训、项目展示、对接洽谈等系列活动，与各地留学人员创业园、投融资机构、企业进行对接，取得了良好效果。据不完全统计，自举办“春晖杯”大赛以来，共有435名留学人员通过大赛走上了回国创新创业的道路。五是创建留学回国人员实习基地。顺应留学回国人员积累工作经验的需求，为提高就业、创业能力创造条件，留学服务中心与北京汽车集团、北京城建集团、百度、泰康保险集团、华北电力大学和南方人才市场等18家大型国有企业、科研院所、地方政府、民办高科技企业合作建立了留学回国人员实习基地，已累计为500多名有需要的留学回国人员提供与所学专业和个人意愿相匹配的工作和实习机会。六是根据历年来各项服务中所采集的大数据，深入分析我国留学回国人才特点、就业现状与发展趋势，每年编写出版《中国留学回国就业蓝皮书》，为用人单位和留学回国人员提供全面、可靠和透明的数据与信息，同时为政府有关部门制定留学回国政策提供第一手的资料和信息支持。蓝皮书已被纳入教育部《中国教育报告·发展与质量》系列报告。

随着我国经济建设的快速发展、国家“科教兴国”和“人才强国”战略的贯彻落实、科技创新的进一步加快和国家对国际化复合型人才需求的大量增加，以及留学回国服务体系的不断完善，越来越多的留学人员选择回国工作，留学回国人数稳步提升，高层次人才回流趋势明显。2017年留学人员回国人数较上一年增长11.19%，达到

48.09万人，其中获得硕博研究生学历及博士后出站人员达到22.74万，同比增长14.90%。其间各类出国留学人员中，有共计313.20万名留学生在完成学业后选择回国发展，占已完成学业留学生人数的83.73%。党的十八大以来，随着留学回国人数的不断攀升，已有231.36万人学成归国，占改革开放以来回国总人数的73.87%。

（3）积极拓展来华留学和留华毕业生服务

来华留学与出国留学是双向留学的基本形态。对于国外向中国派遣留学生的问题，中国政府的基本政策是欢迎来华留学，但前提是来华留学申请者必须符合所在国的自由留学规定，必须符合中国政府关于来华留学的相关规定。比如对于一贯奉行完全自由留学政策的韩国和日本来说，中国欢迎这些国家的高层次技术类学生到中国留学或进修；对于欧洲和美国的来华留学生来说，中国政府本着“专业选择自由”和“国内旅行自由”的政策，欢迎这些国家具备一定汉语基础的学生到中国自由学习。同时，国家发挥中国政府奖学金的示范引领作用，提升国际人才培养与国家战略需求的契合度。围绕外交战略布局，落实领导人重要外交承诺，设立中蒙、中坦、中埃和中印尼等13个专项奖学金；配合高级别人文交流机制，设立中美、中欧、中俄人文交流奖学金。配合“一带一路”倡议，每年共向沿线国家提供1万个新生名额；新设“丝绸之路”中国政府奖学金，通过部委合作、校企合作、省部合作模式，提供行业人才支撑。鼓励和支持高校与国家大型企业合作，开展订单培养，为企业“走出去”提供本土化人才支撑。注重高端人才培养，设立“卓越奖学金项目”，培养发展中国家青年精英和未来领导者。在国家政策引领下，各地方政府、企业和高校纷纷设立了奖学金或助学金，形成了来华留学的多元化资助体系，为本地区社会经济发展储备了国际人才。

党的十八大以来，按照教育部“扩大规模、提高层次、保证质量、规范管理”的来华留学工作十六字方针，教育部留学服务中心切实落实《教育规划纲要》、实施《留学中国计划》，从来华留学的招生宣传、院校录取、生活学习、就业及发展等各个方面对来华留学生及招生院校进行服务，有力促进了我国教育国际化水平的提高，推动了来华留学事业发展。教育部留学服务中心每年有计划有重点地在来华留学主要生源国的重点城市举办“留学中国教育展”，先后在日本、韩国、泰国、德国、法国、印度尼西亚、英国、意大利、哈萨克斯坦、吉尔吉斯斯坦、美国、荷兰、俄罗斯、西班牙、葡萄牙、捷克、波兰、白俄罗斯、马来西亚、匈牙利、加拿大、新加坡和奥地利等 23 个国家的主要城市举办展览及相关活动，目前已经成为中国教育对外推广宣传的知名品牌项目之一，成为世界了解中国高等教育和留学生教育的一大窗口。特别是近年来，为配合中俄、中美、中英和中欧高级别人文交流机制开展了校长论坛、研讨会及教育展等富有成效的配套活动。同时，在举办展览期间通过顺访国外高水平大学，使我参展院校充分借鉴国际先进的教育理念和教育经验，深化院校间合作与交流，推动我国高等教育的国际化进程。中心共组织“留学中国教育展”展览团组 69 个，有 1460 所（次）中国院校参加，在 23 个国家 40 多个城市举办展览（说明会）127 场，参观人数累计超过 30 万人次。目前已经形成了一套以“留学中国教育展”为基础，以说明会、研讨会和论坛等多种形式为平台的完整的来华留学宣传推介体系，致力于推动我国来华留学事业健康可持续发展，打造中国教育的国际品牌。

近年来，留学服务中心还借教育展之机，在来华留学重点生源国和留华校友工作开展有一定基础的国家举办了形式多样的留华校友活动，得到参与人员的好评。其中，“印尼留华联谊会交流活动”和“中西教育交流会暨西班牙留华毕业生见面会”的影响甚为深远。

为了更好地推广中国高等教育，吸引优秀国际学生来华留学，留学服务中心近年来还开发建设了来华留学招生服务平台，将国内高校、国际学生、国际教育机构等资源有效配置。同时，不断完善留学中国网，更新来华留学项目内容，吸引具有来华留学生招生资格的国内院校加入留学中国网站，增加招生系统院校数量与来华留学课程，通过微信公众号为广大来华留学人员提供留学中国申请、实习就业以及在华生活的各项服务，提升来华留学服务水平。此外，为配合国家“一带一路”倡议，满足用人单位的需求，方便来华留学生在华实习、兼职、创业，中心还在北京大学举办了首届来华留学人才招聘会。宝马、华为、泰康人寿等 21 家知名企业参展并提供了超过 300 个岗位；来自北京十余所高校的 1700 余名留学生参加了招聘会并与意向企业进行洽谈。

一系列开放性来华留学政策发挥了“引凤”效果。党的十八大以来，来华留学规模持续增长。2017 年共有 48.92 万名外国留学生在我国高校学习，规模增速连续两年保持在 10% 以上。我国已是亚洲最大留学目的国、世界第三大留学国，来华留学吸引力与国家经济实力和综合实力的匹配度进一步提升。此外，2017 年来华留学生中，自费生达 43.06 万人，占总数的 88.03%。学历生 24.15 万人，占总数的 49.38%，同比增幅 15.04%。据统计，2017 年共有来自 204 个国家和地区的各类外国留学人员在全国 31 个省、自治区、直辖市的 935 所高等院校学习，其中硕士和博士研究生共计约 7.58 万人，比 2016 年增加 18.62%。来华留学规模持续扩大，我国已是亚洲最大留学目的国。与 2016 年相比，前 10 位生源国稳中有变，依次为韩国、泰国、巴基斯坦、美国、印度、俄罗斯、日本、印度尼西亚、哈萨克斯坦和老挝。“一带一路”沿线国家留学生 31.72 万人，占总人数的 64.85%，增幅达 11.58%，高于各国平均增速。北京、上海、江苏、浙江等东部 11 省市的来华留学生共计 34.19 万人，占总数的 69.88%。中国政府奖学金吸引力不断提升，引领来华留学向高层次、高质量发展。2017 年共有来自 180 个国家的 5.86 万名中国政府奖学金生在华学习，占总数的 11.97%。其中学历生 5.16 万人，占奖学金生总数的 88.02%；硕博研究生合计 4.08 万人，占奖学金生总数的 69.57%，比 2016 年增加了 20.06%。来华留学生的学科分布更加合理，学习文科类专业的学生数量仍排名首位，占总人数的 48.45%；学习工科、管理、理科、艺术、农学的学生数量增长明显，同比增幅均超过 20%。

（4）通过“互联网 +”等方式提升留学服务质量

考虑到海内外高层次留学人员遍布全球的特点，留学服务中心历来高度重视以互联网为载体的信息化建设，从留学服务事业长远发展的角度考虑，加强顶层设计，积极应对信息化时代所面临的新形势，注重以“互联网＋”的思维办事，不断满足广大留学人员需求，让前来办事的留学人员切实感受到党和国家对留学工作和留学人员的关心。建设并不断完善中国留学网，为遍布全球 100 多个国家和地区的留学人员和有关单位提供多视角、多频道、多栏目、全方位服务，成为知名品牌和重要窗口，深受各界欢迎。留学服务中心还先后开发建设了公派出国留学人员派出服务系统、在外留学人员注册管理服务系统、留学回国人员就业落户系统、留学回国人员学历学位认证系统等十几个业务系统，覆盖了留学服务中心面向留学人员提供的全部服务领域和服务项目，在很大程度上简化了留学人员办事程序，获得了社会的赞誉和认可。

在信息发布上也注重运用互联网等形式提高效果。在平安留学服务中，通过教育部官方网站、教育部官方微博、留学服务中心的出国留学行前培训网、中国留学网、微信公众平台、手机APP等多种方式进行信息发布，同时联合培训与研究中心，借助各媒体、地方政府网站和驻华使馆相关机构链接网站等方式进行信息公示，提高了社会和民众对“平安留学”计划这一公益项目的关注度、认知度和参与度。中央电视台、腾讯、搜狐、网易等百余家媒体机构争相报道、转载“平安留学”相关信息。留学服务中心与中央电视台综合频道《今日说法》栏目开展合作制作平安留学专题片。“平安留学”微信公众平台持续发布培训相关报道及留学安全等信息。

为使留学人员回国后顺利走上工作岗位，留学服务中心主动协调各有关部门，为留学人员多办实事，简化有关手续。与公安部门协调简化了回国落户手续；与外交部协调，改变了护照管理办法；与海关、民航、检疫等部门协调，调整了有关规定，极大地方便了留学人员。加大对优秀拔尖人才的引进、推荐和安置工作的力度，对优秀人才从协助联系工作单位，到家属子女随迁等具体安置工作，整个过程都有专人负责。为了减少外地留学人员往返北京的次数，使他们免受奔波之苦，工作人员开创了多种代办业务，如代填表格、特快专递等。

这些创新服务举措深受留学人员和社会各界好评。著名华裔物理学家李政道先生来华访问，在会见时任国务委员兼国家教委主任李铁映时说："你建立留学服务中心是富有远见的决定，太好了，他们工作十分出色，照这样，不愁人才不归……"一些接受过留学服务的人员感慨地说："在这里办事的感觉，使我增加了对国家、对政府的信心，也增加了对教育界的钦佩。"

2. 贡献卓著：留学服务助推留学人员为国发挥重要作用

改革开放以来，留学服务为留学工作的顺利推进发挥重要作用，不仅支撑留学战略稳步实施，而且保障留学人员成功留学、激发留学人员报国热情、促进留学人员以多种形式为国家做贡献。许多留学人员在异国他乡学习最先进的知识、科学技术和管理经验后，学成回国，用他们的知识和智慧报效祖国，成为建设国家的栋梁之材，成为改革创新的生力军，对中国改革开放和经济社会发展发挥了重要作用。

（1）为中国教育事业发展注入新活力

教育对外开放领中国对外开放之先。教育也是吸纳海归最多的领域。大批留学归国人员承担了大学的重要任务，产生了一批学科带头人和学术骨干，成为大学科研的生力军和主力军，成为教育战线排头兵。他们为中国高校注入了新鲜血液，带来了世界最前沿的学科与知识、先进的教育理念与治学方法，很好地提升了中国在国际学术界的地位。我国几乎所有的学科知识，包括学术思想、理论和研究方法在很大程度上得到更新，创设了一大批在我国曾经是空白的学科，引进了大批新教材及新的教学方法，极大地提高了我国学科建设和高等教育的水平，对高等院校人才培养的质量产生了重要影响。

一是推动教育体制创新。比如，推进中国高等教育创新的南方科技大学校长陈十一、中国第一所民办研究型大学西湖大学校长施一公等，他们不断探索高等教育机制创新之路，成为教育领域的改革者。陈十一在美国学习工作生活了 20 年，2005 年从美国霍普金斯大学回国到北京大学重建工学院，后出任南科大校长，致力于借鉴世界一流大学的成功经验，培养拔尖创新人才，创造一流的研究成果，建设一所创新型的高水平大学。

二是推进教育观念的转变。中国传统教育中的“满堂灌”教育思想、分数决定论意识、学生实习中的形式主义等现象比较突出。而出国留学归国人员带来了西方实用主义教育理念、个性主义教育思想、教育宽容意识、教育平等精神、自由导向的教育思维、教育创新体验等理念，很大程度上改变了中国人的传统知识结构和思维模式。某种意义上讲，留学活动对中国教育领域的最大效用就是促进了中国人教育观念的变化和更新。

三是推动了教学方法改进。中国传统的教学方式是通过班级授课制度、课前预习模式、教师讲课制度、作业批改制度、课后复习体系和实践锻炼体系完成的，这种看似严格的教学模式实际上是牺牲教学客体（学生）的价值创造性和积极性为代价的。由于教师绝对主体地位和学生相对弱势地位的长期博弈，导致了我们培养出来的大多是循规蹈矩的“考试达人”，一旦进入社会实践领域就会变得无所适从。

与中国的教学方法不同，西方学者大多通过研讨课、研习班、模拟实习课程、模拟法庭课程、模拟行政管理课程等方式进行授课。授课过程中，学生可以自由发言，各抒己见，教师根据学生的思路来启发学生的思维，引领学生作出正确的答案；讨论过程中，不仅可以阐发正确的观点，而且可以讨论错误的观点，既允许纠错，也允许犯错；对于理科学生来说，既可以证实，也可以证伪；学业成绩的测评不是“一张试卷定乾坤”的模式，而是多种元素得分的加权平均，讨论课的成绩不仅作为学业测评的重要依据，而且作为职业发展的重要标准。改革开放40年来的留学教育实践证明，那些留学回国的人员不仅带来了先进的教学观念，而且带来了全新的课程改革体系和课程设置标准，不仅教授了许多反映学科、专业最新动态和最前沿课题的内容，而且推动了学校的课程建设和学科体系的完善，发挥了西方先进教学模式的示范作用。可以说，留学人员从国外带来的“独有性”教学方法也是出国留学人员为中国教育事业作出的极为重要的贡献。

（2）为中国科技发展作出新贡献

科技类专业是我国出国留学人员所学专业的大头。相应地，我国留学归国人员中有很大一部分投身于科研领域。掌握国际先进技术和理念的海归，积极参与发展战略制订，努力培养科技创新人才，引领新兴学科建设，投身重大科研和建设项目，缩短了中国科研水平与国际的差距，提升中国在国际科技界、学术界的地位，成为中国建设创新国家的一线主力，为我国的科技进步、科技体制改革创新和科技人才的培养等作出卓越贡献。据统计，在中国科学院和中国工程院院士中80%以上有留学经历。近年来，天宫、蛟龙、天眼、悟空、墨子、大飞机等重大科技成果举世瞩目；量子调控、铁基超导、合成生物学领域步入世界领先行列……每一项重大科技突破的背后都有一批具有国际水准的高水平人才团队。从黄大年到南仁东，从叶聪到潘建伟，再到离开波士顿集体归国创业的8名博士后，当代海归为创造“国之重器”发挥重要作用。

一是参与制订发展战略，促进科技体制改革创新。一大批海归进入了中国重要科研机构和政府科技部门，他们在推动体制机制改革方面发挥了重要作用。现任十三届全国政协副主席、致公党中央主席、中国科学技术协会主席万钢，获得德国克劳斯塔尔工业大学博士学位，曾担任科技部部长，大力实施科技驱动发展战略，坚持围绕原始创新和成果转化这两个科技创新最硬的“硬骨头”履职尽责，为推动中国科技体制改革贡献了大量心血和智慧。英国伯明翰大学博士翟虎渠任中国农业科学院院长兼党组书记，及时制定科技体制改革方案，促进国家农业科技创新体系的建设。

二是瞄准国际前沿，推进科技攻关。一大批国际顶尖的留学高科技人员回国，有力提升了我国科学研究水平。国际著名的结构生物学家施一公、单分子酶学的奠基人谢晓亮、高能物理王贻芳、人工智能甘中学、新药创制丁列明等，他们的回归使中国在各自领域的科研水平在世界上提高了10年到15年。2017年，蜚声中外的“大师”、世界著名计算机学家姚期智放弃外国国籍，转为中国科学院院士。姚期智长期从事计算机科学和量子信息科学研究，是迄今为止世界计算机科学领域的最高奖项“图灵奖”得主中唯一一位亚裔专家。十余年前，他辞去普林斯顿大学的终身教职。在清华，他先后创办计算机科学实验班、理论计算机科学研究中心、交叉信息研究院和量子信息中心，亲自授课，指导学生论文，其计算机科学实验班被外界称为“姚班”。十余年间，一批批拔尖创新人才从这里迈向世界学术舞台。因为“分量重”，姚期智回国被视为海外高层次人才回归中国的“风向标”。曾在美国加州大学伯克利分校做访问学者的李晓红院士，现在是中国工程院有史以来最年轻的院长。他长期致力于水射流技术及其在煤矿安全工程中的应用研究，在煤层气开采及复杂煤矿瓦斯灾害防治方面取得了多项重要研究成果。李晓红项目组在陕西延长石油－延2011井进行了中国首次页岩气超临界二氧化碳压裂现场试验，并取得圆满成功，把二氧化碳压入地下封存的同时，把页岩气采上来加以利用。这一成功标志着中国在自主探索陆相页岩气高效开发方面取得了重要的理论和技术突破，在这一领域走到了国际前沿，开辟了一条绿色、环保、高效的陆相页岩气开发新途径。中国科学院院士、中国科学技术大学常务副校长潘建伟曾获维也纳大学博士学位，长期专注量子这一国际竞争比较激烈的领域。他认为，过去我们在科研领域常常扮演追随者和模仿者的角色，研究方向的选定、科研项目的设立，都要先看看国际上有没有人做过。量子信息是一个全新的学科，中国必须学会和习惯做领跑者和引领者。

三是借鉴国际经验，推动科研方法的创新。出国留学活动不仅使留学人员了解了全球最新的学术流派，增加了专业知识的积累，而且学到了许多新的科学研究方法。过去中国科学研究方法的“单打独斗”现象比较普遍，留学归国专家指出国外的课题研究都是采用课题组制度。没有课题组成员紧密的科研合作，任何课题的研究都会存在数据资源的缺乏甚至以偏概全的问题，留学归国专家在推进科研课题组制度方面发挥了重要作用。在经济学研究领域，中国以前的经济学研究大多存在空谈理论、缺乏实证支撑的弊端，大多数的经济研究论文存在着定性分析和定量分析脱节的问题。针对这些问题，大多数留学归国人员认为中国的社会科学研究与西方的社会科学研究存在着研究环境上的诸多差异，但没有科学证明支持的结论只能是学者臆想的结果。空发议论的想法、不重视反证和实验，假设—过程—结论三段论模式的逻辑混淆，弱化了科学研究的价值。留学归国专家为经济学研究带入了大量实证研究的方法。出国留学所带来的科研方法创新，也为缩小中国和世界发达国家科研水平差距发挥了重要作用。

四是搭建新型科研平台，促进国际交流合作。越来越多的海归进入科研机构，在引领我国科学技术国际化，促进国际交流合作方面发挥着举足轻重的作用。由于在国外的学习和工作经历，海归在促进国际交流合作方面更有优势，从事科学研究的海归回国后继续保持和国际科技界的联系，广泛的国际交往资源使他们在促进国际交流合作中起到积极作用。海归辜嘉曾在韩国三星研究所进行科研工作，主要研究方向为计算器视觉和医学图像处理。2006 年起担任 STI Medical Systems 资深科学家和项目负责人，2008 年作为海外引进人才回到中国科学院深圳先进技术研究院工作，并作为主要学术骨干承担该研究院的科研任务。辜嘉由于有在国外工作的经历，有良好的社会关系，在推动该研究院和美国 STI 公司的合作上起到了桥梁作用。在国际交流合作日益加速的今天，海归由于自身的优势，成为国际交流合作的催化剂。

（3）为中国创新创业和经济增长增添新动能

以经济建设为中心是改革开放以来中国发展的鲜明特点。学成回国的留学生围绕国家经济发展大局，发挥自身专业技术优势，不仅对本国经济发展起直接的促进作用，而且能够替代用高薪聘请的外国专家、教师和工程技术人员，从而减少国家的外汇支出。留学人员及那些曾经是留学归国人员的侨民从国外带来的大量外汇，投放于国内各个领域，创造了可观的经济效益。例如，在国家公派留学工作中，为配合国家西部大开发战略暨中部崛起战略和振兴东北老工业基地战略，实施了西部地区人才培养特别项目和地方合作项目。党的十八大以来，两个项目分别录取各类留学人员5346人和4313人，公派回国率超过98%。在“西部项目”中，绝大多数留学人员都回到了西部地区工作，并很快成长为教学领域的学科带头人和国家重点实验室等科研机构的领头人，为西部经济发展培养了一批有水平、留得住、用得好的人才。

一是在新兴产业发展上大显身手。在经济全球化和中国着力推进经济转型升级、建设创新型国家的时代背景下，日益扩大的海归群体把国际技术、资本和全世界的创新灵感、管理经验引进国内，创建了大批在新经济、高科技领域的新企业，成为创业大潮中高新技术与新经济的引领者。特别是随着国家“大众创业，万众创新”政策的出台，创业创新的黄金时代已经来临，创业的星星之火渐成燎原之势。由于留学目的地的多元性，当前海归的来源越来越多元化，他们不仅来自硅谷，而且遍布世界各地，他们带来环保、医疗器械、生命科学、时尚设计、工业设计等不同领域的技术和经验。这些海归精英们凭借其独有的国际视野和敢于冒险的精神，活跃在中国经济快速增长的领域，已然成为今日中国创业大潮的弄潮儿，成为中国第三产业的领跑者。1992年邓小平南方谈话以后至今，海归们推动了国内在新经济、新技术、互联网、IT、通信、传媒等诸多领域的发展。李彦宏创立了百度，田溯宁、丁健创立了亚信，张朝阳创立了搜狐，邓中翰研制了“中国芯”，严望佳创立了启明星辰，王兴创建了美团等，一大批由海归领衔的企业在崛起，引领着中国科技和经济的发展，带来了新技术新经济新活力，成为“创业中国”和“中国创造”的重要力量。例如，美团创始人兼CEO王兴，2001年从清华大学毕业后赴美国特拉华大学留学，2003年放弃美国学业回国创立人人网，2010年创办团购网站美团网。经过8年发展，美团已经成为世界领先的一站式生活服务电子商务平台，服务覆盖餐饮、外卖、打车、共享单车、酒店旅游、电影、休闲娱乐等200多个品类。2018年美团点评在香港联合交易所主板挂牌上市，目前市值超过3000亿港元，市值位居中国上市互联网公司第四位，是阿里巴巴、腾讯和百度之后新一代互联网公司的代表。

二是在中国企业走出去及跨国公司本土化中发挥作用。在经济全球化时代，一国的企业只有走出去，并且尽力吸收国外先进的经验和技术，才能保持旺盛的生命力和持久的竞争力。中国企业走出去已经经历了较长的时间，许多企业的成就有目共睹。但是我国企业对外投资与发达国家相比仍然处在初级阶段，在对外投资的过程中，中国企业遇到了不少困难与挫折，面临诸多水土不服的症状，失败率较高，效益比较低。中国的企业要避免诸多问题，就一定需要大量的国际化的、具有国际商务经验的海归人才，发挥他们在引领中国企业走向世界的征程中不可替代的作用。在美国高科技板块著称的纳斯达克上市的中国企业，大部分都是由海归人才创办和管理。除了自己创业并带领企业海外上市，还有许多海归或作为企业员工，或在咨询、法律、会计师事务所、投资银行等领域，从各个方面帮助中国企业走出去与国际化。同时，海外留学人才也促进了跨国企业的本土化，大批回国的海归精英已成为跨国公司在华的领头人。在华的跨国公司大都有海归精英的参与，有的海归还成为世界跨国公司500强在中国公司的CEO。他们熟悉两边文化，有利于跨国公司顺畅地实现本土转化，同时也有利于改变国内产业生态，提升中国企业在国际分工中的地位。海归发挥种子作用，带动人才流动，营造环境和人才的互利、双赢效应，传入技术、理念等物质层面以外的先进东西，对推动跨国公司在华投资、加速中国和国际经济接轨，发挥了举足轻重的作用。

三是在风险投资领域引领潮流。风险投资又称创业投资，是专门为快速成长的初创企业服务的权益资本，正在成为全球科技领域发展中的一个重要组成部分。作为一种新的融资手段，风险投资为新技术的发展提供帮助并促使其商业化，进而促进新产业的形成并加快科技的发展。目前，国内几乎所有国际风险投资公司的掌门人都是海归，大部分风险投资都是通过海归或海归工作的外企带进国内的。如IDG资深合伙人熊晓鸽，鼎晖国际创投基金董事长吴尚志，赛富亚洲投资基金合伙人阎焱，金沙江创业投资董事、总经理丁健，今日资本创始合伙人徐新等，都是这方面的代表。这些投资促进了国内对创业的热情，促进了一大批海归企业和国内中小企业的发展，同时也带动了国内风险投资行业的进步。大多数中国公司的海外兼并和上市以及跨国公司的本土化都有海外留学生的身影。

（4）为中国对外开放搭建新桥梁

留学活动是一个国家或地区开展国际合作与交流的重要方式。大多数留学活动参与者既了解中国的长处和不足又了解国外的优势和劣势，既有广泛的国内人际关系网络又具有良好的国外人际关系网络，既具有信息沟通的优势又具有全球信息传播的优势。无论是私人的交往抑或是机构间的交流，都能推动中国与国际社会的优势互补和资源共享。留学归国人员既是本单位国际交流与合作的积极参与者，又是中国和外国交流合作的桥梁和纽带。留学归国人员，通过与其他国家或地区留学人员的交流，宣传了中国的改革开放政策，消除了国际社会对中国存有的偏见和误解，拓展了中国和国际社会接轨的深度和广度，加深了中国和世界各国的良好关系和深厚友谊。留学人员的优良个人行为，不仅树立了良好的中国形象，而且也提升了中国的软实力资源。比如中国女性留学生在留学活动中表现出来的追求成功的坚强意志、对人生负责的积极态度、对他人关爱的精神、学业的勤奋与刻苦、善良的品行和人格，都给国际社会留下了极好的印象。中国留学生还通过在国外设立公司，大力促进中外民间的交流与合作。比如中国留学生通过在美国华盛顿设立的美国三立国际有限公司，推动中美两国在教育、科技、文化、商业等领域的合作与交流。公司成立20多年来，已经在洛杉矶、芝加哥、北京、南京、深圳等地设立了分公司，成功举办了成都、武汉高级人才管理研究生班，组织了华盛顿市长旅游贸易团，组织了中国民族歌舞团赴美巡回演出活动，接待了数百个国内赴美考察团，为中美各方面的交流与合作作出了突出的贡献。与此同时，大批翻译人才的回国，不仅提高了中国与世界其他国家之间官方合作的准确性和及时性，而且也为国际贸易组织与中国的贸易纠纷解决机制的建立奠定了人力资源的基础。实践证明，改革开放40年来的出国留学政策，拉近了中国和世界的距离，促进了中国和西方国家的对话、交流与合作，提升了中华民族的国际影响力，其外交成效是十分明显的。

此外，留学归国人员还大大推进了一些传统上较为封闭领域的对外开放进程。比如在金融对外开放方面，大批归国留学生为此作出重要贡献。中国人民银行行长易纲曾先后于美国哈姆林大学、伊利诺伊大学留学，获经济学博士学位，其研究方向为计量经济学、货币银行学和国际金融，回国后一直从事中国经济的调查研究，特别是在货币、银行和金融市场方面。自1997年加入央行至今，易刚已在央行工作20多年。随着中国经济地位提升，中国已开启“大国金融”模式。担任央行行长后，易纲多次提及开放，表示中国进一步推进改革开放的决心是坚定不移的，凸显了中国金融开放的决心。亚洲基础设施投资银行（亚投行）行长金立群毕业于北京外国语学院英语专业，1987年至1988年赴美国波士顿大学经济系研究生院进修。他英语、法语流利，过去20多年中，特别是1997年亚洲金融危机以来，他一直活跃在国际经济事务活动中。2016年1月至2018年12月，亚投行从57个创始成员，发展到93个成员，“朋友圈”不断扩大，并且仍有不少国家在认真考虑加入这个具有鲜明新时代特色的国际多边开发机构。这个具有21世纪治理架构的、新颖的国际多边开发机构，体现了中国的发展理念，融入了中国的发展经验，闪烁着中国的时代精神，赢得了国际社会的广泛认可和赞赏。

（四）留学服务工作的前景展望：留学服务适应新时代仍须再接再厉、续写华章

改革开放40年，留学服务工作艰辛探索、攻坚克难，在一代又一代留学服务工作者的接续奋斗下打下了坚实基础，积累了宝贵经验。一是必须坚持服务国家战略。留学服务工作本身是中国教育对外开放战略的产物，同时积极围绕国家发展大战略贡献力量也是留学服务工作贯穿始终的主线。从根据国家形势发展需要鼓励留学人员回国，到加入WTO后按照以人为本的要求做好出国留学服务和回国人员权益保障，再到响应创新创业大潮实施创新型人才国际合作培养项目和开展“春晖杯”留学人员创新创业大赛，都展现了留学服务工作紧跟国家发展战略的调整发展而变化。留学服务工作只有紧密结合国家发展战略，观大势、谋大事，才能体现出更大价值。二是必须坚持开放合作。教育对外开放需要加强国际合作，留学服务工作本身也必须加强国家合作、整合国际资源、树立国际品牌。40年来，通过与全世界125个国家和地区的1万余所院校加强协作开展境外学历学位认证，组织55个国家和地区的2000多所院校和教育机构连续举办中国国际教育巡回展，在23个国家40多个城市举办“留学中国教育展”，留学服务工作国际化步伐明显提速，极大地提高了留学服务效能。只有坚持树立国际视野，经常“走出去”并“请进来”，中国的留学服务事业才能保持旺盛活力和创新力。三是必须坚持统筹兼顾。40年来，

党和国家从以公派留学为重点到全面放开自费留学，形成以公派留学为主导、自费留学为主体的留学格局，这就必然要求留学服务要把公派留学服务和自费留学服务统筹起来、协调推进。同时，还要把出国留学的派出与回国统筹起来、并重推进，努力使出国留学服务保障到位、回国就业支持帮扶到位。四是必须坚持改革创新。40年来，留学服务工作因势而变，突出问题导向，不断根据发展的需要和留学人员的期盼调整组织机构、业务职能和工作重心。特别是针对在外留学人员安全问题日益凸显情况，积极回应关切，加强引导服务，围绕“平安留学”做了大量工作，构建了安全教育体系，加强了出国留学行前培训，完善了安全教育网络信息平台，使“平安留学”理念深入人心，形成了国内国外联动、政府社会参与、公费自费全覆盖的工作机制。只有深刻把握形势任务发展变化，勇于变革、善于创新，留学服务工作才能更好满足国家发展的需要和广大留学人员的需要。

当前，中国特色社会主义进入了新时代。我国面临的国际环境发生了新变化，世界正处于大发展大变革大调整时期，我国发展仍处于重要战略机遇期，正处在从大国走向强国的关键时期，正日益走近世界舞台中央。从世界范围看，各国之间科技竞争和经济竞争空前激烈。人才的数量和质量，已经成为决定国家竞争力的因素。在外留学的优秀人才一直是发达国家与我国争夺的对象。随着我国综合国力的不断增强和留学归国服务的不断完善，海归人才越来越多。但也要看到，仍有大量出国留学人员留在国外发展，经济社会发展对人才素质的更高需求迫切要求进一步提高公派留学等出国留学工作的质量，留学服务领域也还存在着发展不平衡不充分的问题。特别是当前我国留学目的地分布更广，留学人员构成多样，服务对象人数增多，出国留学服务工作的复杂性、挑战性空前加大。我们要深入学习贯彻党的十九大精神，以习近平新时代中国特色社会主义思想为指导，坚持“支持留学，鼓励回国，来去自由、发挥作用”的留学总方针，按照《关于做好新时期教育对外开放工作的若干意见》总体要求，树立社会化、国际化、专业化、网络化、标准化、法制化、人性化的发展思路，根据留学人员和社会的需要，不断开拓和发展新的服务领域和内容，最大限度地满足服务对象日益增长的各项需求，为服务国家科教兴国和人才强国战略，作出新的更大贡献。

1. 在改进留学服务理念上下功夫

改革开放永无止境，解放思想、更新观念也永无止境。在留学服务方面，一是要坚持最大便利化理念。要以留学人员为本，要时时、事事、处处想留学人员之所想，急留学人员之所急，简化办事环节和手续，优化服务流程，明确标准和时限，强化服务意识，拓展服务渠道，创新服务方式，让留学人员办事更方便、回国工作创业更顺畅。二是坚持依规依法服务理念。严格遵循法律法规，善于运用法治思维、法治方式，规范服务事项办理程序，限制自由裁量权，维护群众合法权益，推进服务制度化、规范化。及时将成熟定型的服务制度上升到部门规章和行政法规，固化留学服务的制度成果。三是坚持公开透明服务理念。针对留学人员很多远隔万水千山的实际，最大限度地通过互联网等形式公开各种服务制度和信息，实现办事全过程公开透明、可追溯、可核查，切实保障群众的知情权、参与权和监督权。

2. 在完善服务体系上下功夫

要坚持以公益服务为主基调，着力建立起功能明确、治理完善、运行高效、监管有力的留学服务管理体制和运行机制，形成基本服务优先、业务布局合理、服务公平公正的服务体系。各级留学服务中心要按照政事分开、事企分开、管办分离的要求，以促进公益事业发展为目的，进一步强化公益属性，进一步理顺体制、完善机制、健全制度，充分调动工作人员积极性、主动性、创造性，适应经济社会和人民群众需要，不断拓展公益服务领域，增加公益服务品种，扩大公益服务总量，激发生机与活力，全面做好出国留学、留学回国、来华留学和国际交流等服务工作，不断提高公益服务水平和效率，促进公益事业发展，切实为人民群众提供更加优质高效的公益服务。要为公派出国留学人员提供高效优质的派出服务，吸引高层海外留学人员回国就业创业，鼓励留学人员以各种形式为国服务，为回国就业、创业的留学人员提供方便快捷的学历认证、安置服务，为来华留学人员提供包括人才招聘会在内的各类信息咨询服务，在现有的两个单项发布的蓝皮书《留学回国人员学历学位认证年度分析报告》和《留学人员回国就业趋势年度分析报告》的基础上，形成数据更加精准、品类更加齐全、能够实时统计分析，以及覆盖留学人员出国前、在外留学期间和学成回国后的全业务生态链的系列年度分析报告，为留学服务工作、国家的留学决策管理工作提供科学的、规范的定量分析依据。要通过建设更加科学合理高效的留学服务体系，让留学人员在外有报国之门，回国有用武之地，切实落实党和国家创新驱动发展战略和人才强国战略。

3. 在筑牢“平安留学”保护网上下功夫

将人们对出国留学的美好愿望变为真正的平安留学、健康留学、文明留学、成功留学，是出国留学行前培训等留学服务工作的当务之急。要加强建立“平安留学”联动工作机制建设，加强国内外交流，培养专业化队伍，扩大专家团队，制定标准化教学大纲，丰富专业教材内容，推出系列国别视频课件，拓宽宣传途径，让“平安留学”理念深入人心，在覆盖全体国家公派留学人员的同时，惠及更多自费留学人员群体。

4. 在实施“互联网＋”服务模式上下功夫

要继续发挥互联网在提升留学服务质量上的优势，推动实体服务大厅向网上办事大厅延伸，逐步构建实体服务大厅、网上办事大厅、移动客户端、微信端、自助终端等多种形式相结合、相统一的服务平台，为群众提供方便快捷的多样化服务。要变“多头受理”为“一口受理”，加快服务大厅功能升级，将按部门分设的办事窗口整合为综合窗口，依托“互联网＋”促进业务服务部门相互衔接，变“群众奔波”为“信息跑腿”，变“群众来回跑”为“部门协同办”，从源头上避免“循环证明”等现象，为群众提供更加人性化的服务。要在留学人员回国就业、创业等领域，积极运用互联网、大数据、人工智能等技术，探索留学服务新模式，提高服务效率和质量。